Testmanagement bei SAP®-Projekten

Alberto Vivenzio · Domenico Vivenzio

Testmanagement bei SAP®-Projekten

Erfolgreich Planen · Steuern · Reporten bei
der Einführung von SAP-Banking

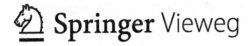

Alberto Vivenzio
Bad Tatzmannsdorf, Österreich

Domenico Vivenzio
Essen, Deutschland

ISBN 978-3-8348-1623-8
DOI 10.1007/978-3-8348-2142-3

ISBN 978-3-8348-2142-3 (eBook)

Die Deutsche Nationalbibliothek verzeichnet diese Publikation in der Deutschen Nationalbibliografie; detaillierte bibliografische Daten sind im Internet über http://dnb.d-nb.de abrufbar.

Springer Vieweg
© Springer Fachmedien Wiesbaden 2013

Springer Vieweg ist eine Marke von Springer DE. Springer DE ist Teil der Fachverlagsgruppe Springer Science+Business Media
www.springer-vieweg.de

Vorwort

Seit mehreren tausend Jahren bauen Menschen Gebäude. Mit diesen Erfahrungen im Hintergrund gehören die Bauwerke mittlerweile zu den sichersten der Welt. Software dagegen wird erst seit etwa 50 Jahren erstellt. Trotzdem muss sie höchsten Unternehmensanforderungen, immer komplexer werdenden IT-Infrastrukturen, wachsenden Qualitätsansprüchen und steigendem Zeitdruck gerecht werden. Und obwohl das erfolgreiche Bestehen von Unternehmen heute hauptsächlich von der eingesetzten IT abhängig ist, kämpfen viele von ihnen mit fehlerhafter Software, mit überschrittenen Kostenbudgets oder nicht eingehaltenen Projektlaufzeiten.

Mit Hilfe eines Software-Testmanagements lassen sich diese Probleme vermeiden. Nachdem die Software realisiert wurde, muss sie auf ihre Eignung hin überprüft werden. Es muss nachgewiesen werden, dass die Geschäftsprozesse mit Einsatz dieser neuen Software weiterhin funktionieren. Die Erfahrung zeigt, dass der gleiche Aufwand für die Qualitätssicherung aufgebracht werden sollte, wie für die Realisierung veranschlagt ist.

Das vorliegende Buch soll eine Hilfestellung geben. Über testmethodische Ansätze und Lehren hinaus zeigt es anhand von Beispielen, wie diese Werkzeuge eingesetzt und für das eigene Projekt genutzt werden können.

Dabei möchten wir aber nicht auf die neuesten Theorien und Methoden eingehen, sondern mit Tools zeigen, die wir schon seit vielen Jahren nutzen, wie man sich als Testmanager helfen kann.

In den Hauptkapiteln sind die wichtigsten Themenbereiche im Testmanagement beschrieben. Passende Hilfestellungen findet man dann in den Anhängen. Dort haben wir die Prozesse im Testmanagement anhand eines Tools dargestellt.

Ausgangspunkt dieses Buches ist die Erfahrung, die wir in über 20 Jahren Tätigkeit als Testmanager gesammelt haben.

Jetzt aber viel Spaß und Erfolg beim managen eurer Testprojekte.

Bad Tatzmannsdorf (AT)/Essen (D), im Sept. 2012   *Alberto & Domenico Vivenzio*

Danksagung

Mein besonderer Dank gebührt meiner Frau Simone (Mone) und meinem Sohn Felino Nevio, die es mir über die zurückliegenden Jahre ermöglicht haben, Familie und Beruf erfolgreich miteinander zu vereinbaren.

Vielen Dank für euren Rückhalt und Verständnis für meinen Beruf. Ihr seid die Besten.

In Liebe
Domenico

Auch ich möchte meinen besonderen Dank aussprechen. Er gebührt meiner allseits geduldigen und verständnisvollen Frau Susann und meiner Tochter Emily Giulia. Beide müssen schon seit vielen Jahren unter meiner Tätigkeit als externer Berater leiden, was durch das Schreiben dieses Buch nur noch weiter verstärkt wurde.

Meinen großen Sohn Franz möchte ich an dieser Stelle ebenfalls erwähnen, auch wenn er hier unter der Abwesenheit seines Vaters nicht sehr leiden musste, da er bereits auf eigenen Füßen steht. Aber als Informatik-Student (Medieninformatik) konnte er ein wenig nachvollziehen, was wir hier zu Papier gebracht haben.

Vielen Dank für eure unermüdliche Unterstützung.

In Liebe
Alberto

Inhaltsverzeichnis

1 Testmanagement! Warum?

Im Laufe der letzten Jahre ist die Relevanz und Akzeptanz des Testmanagements – insbesondere bei größeren IT-Projekten – stetig angewachsen. Musste man sich früher als Testmanager für sein „Dasein" noch rechtfertigen, entwickelte sich das Testmanagement über eine „geduldete" projektbegleitende Aktivität hin zu einem mittlerweile etablierten und eigenständigen Teilprojekt „Test" in der Gesamtprojektorganisation.

Das Erfordernis eines zentralen Testmanagements und die Ausgestaltung des Umfangs können in der Bedeutung und der Größe des Projektes für das jeweilige Unternehmen liegen.

Beispiele:

– Bedeutung des Projektes
  hat eine wesentliche Außenwirkung für das Unternehmen
  hohe strategische Relevanz
  nahezu alle Systeme und Bankprodukte sind betroffen
– Größe des Projektes
  besteht aus mehreren Teilprojekten
  mehr als 150 Projektmitarbeiter
  Vielzahl zu erwartender Tests
  Teilprojektübergreifender Test- und Koordinationsaufwand
– Aufmerksamkeit
  Management-Attention bis in den Vorstand
  Projektbegleitende Prüfung durch renommierte Prüfungsgesellschaft

Um die Tests eines Projektes dieser Größenordnung strukturiert und vor allem effizient begleiten und steuern zu können, ist ein zentrales Testmanagement unabdingbar. Die Anforderungen an ein zentrales Testmanagement sind:

– Strukturierung der Tests
– Koordinierung und Überwachung aller Testaktivitäten
– Bereitstellung effizienter Testtools
– Zentrales Statusreporting, Auskunftsfähigkeit „auf Zuruf"
– Interne Qualitätssicherung

Es ist nicht möglich, alles zu testen, da man bei den Ressourcen[1] einer Beschränkung unterliegt. Hier kommen die W-Fragen ins Spiel: was, wann, wer, wie, womit, ... ? Hier müssen die Ressourcen ökonomisch verteilt und genutzt werden.

Unstrukturiertes Testen ist schlecht, da man weniger Qualität bekommt, die Fehler sehr spät findet und dadurch erhöhte Kosten in Kauf nehmen muss. Man könnte jetzt einfach argumentieren, viel zu testen würde die Qualität erhöhen. Aber dies treibt lediglich die Kosten in die Höhe, was unwirtschaftlich ist. In der folgenden Abbildung ist das schematisch dargestellt. In der fallenden Kurve sind die Fehlerfolgekosten dargestellt. Je mehr getestet wird, desto geringer sind die Folgekosten. In der steigenden wiederum sind die Testkosten dargestellt. Je mehr ich teste, desto höher sind meine Testkosten. Der Schnittpunkt beider Kurven stellt sozusagen den Punkt der Wirtschaftlichkeit dar.

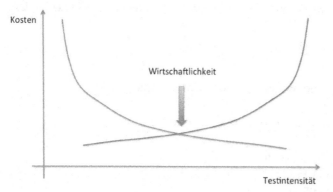

Abbildung 1-1:   **Wirtschaftlichkeit (Kosten vs. Testintensität)**

Für eine erste Indikation des zu erwartenden Testaufwands gibt es folgende am Markt bekannten Abschätzungen:

–   25%–30% des gesamten Projektaufwands
–   100% des Implementierungsaufwands

Da es sich beim Testen um eine komplexe Tätigkeit handelt, muss diese geplant und gesteuert werden. Je früher Fehler gefunden werden, umso günstiger ist deren Behebung, da ihre Beseitigung weniger Aufwand verursacht.

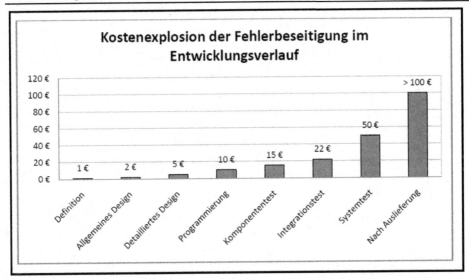

Abbildung 1-2: Kostenexplosion der Fehlerbeseitigung im Entwicklungsverlauf[2]

In den folgenden Kapiteln wird dargestellt, wie Testmanagement funktioniert, welche Schritte der Testprozess hat und welche Ergebnistypen während des Testprozesses entstehen. Darüber hinaus werden noch andere Themen angeschnitten, die in einem Softwareentwicklungsprojekt wichtig sind.

---

2   Elfriede Dustin, Jeff Rashka, John Paul: „Software automatisch testen: Verfahren, Handhabung und Leistung", Springer Verlag 2001 (ISBN 3540676392)

2 Vorgehensmodelle in der Softwareentwicklung

2.1 Vorbemerkungen

Aufgrund der Komplexität von Software-Produkten ist es nahezu unmöglich, allein durch Tests die Korrektheit bzw. die Fehlerfreiheit festzustellen. Dies kann nur in Kombination mit einem definierten Vorgehen in der Softwareentwicklung erfolgen, einem sogenannten Vorgehensmodell. Es macht den Entwicklungsprozess übersichtlicher und in der Komplexität beherrschbar.

Vom Grundkonzept bestehen Vorgehensmodelle aus Aktivitäten und den von diesen Aktivitäten erzeugten und verwendeten Daten sowie der Ausführungsreihenfolge der Aktivitäten. Dadurch wird auch im Wesentlichen die Strategie der Softwareentwicklung vorgegeben. Sie geben einen Rahmen vor, in dem ein Projekt geordnet ablaufen kann. Das Vorgehensmodell hilft dabei, den Ablauf eines Projektes zu strukturieren und nachzuvollziehen, da es den Prozess und die Dokumente der Softwareerstellung beschreibt.

2.2 Das Wasserfall-Modell

Das Wasserfallmodell ist ein Vorgehensmodell (auch Prozessmodell) aus dem Bereich der Softwareentwicklung. Es stammt aus den Anfängen der prozessorientierten Planung von Software. Dabei laufen die Einzelschritte wie bei einem Wasserfall in festgelegter Reihenfolge nacheinander ab und sind in der Regel nicht umkehrbar. Eine Erweiterung stellt hier die Rücksprungmöglichkeit dar (das Wasser fließt in dem Fall unnatürlich bergauf). Wird ein Fehler festgestellt, kann man einen Schritt zurückgehen und nach den Ursachen suchen. Entweder wird der Fehler behoben oder es muss noch ein Rücksprung erfolgen, dies kann unter Umständen sehr zeit- und arbeitsaufwendig werden!

Es ist ein stark top-down-orientiertes und dokumentengetriebenes Vorgehensmodell. Es basiert auf der Grundannahme unveränderlicher Anforderungen (die Projektphasen sind sehr starr), was in vielen Projekten nicht zutrifft. Daher ist es nur auf einfache Projekte mit kurzer Laufzeit anwendbar.

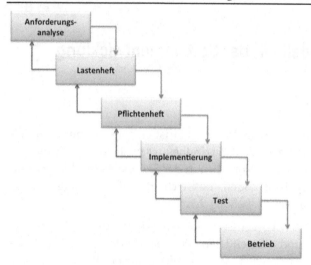

Abbildung 2-1:   Wasserfallmodell

Das Wasserfallmodell gliedert sich in sechs Teilschritte:

1. Anforderungsanalyse
   Hier geht es um die Analyse der Anforderungen an das zu entwickelnde System. Ziel ist es, ein gleiches Verständnis zwischen Auftraggeber und Auftragnehmer zu schaffen.
2. Lastenheft (Systemspezifikation)
   Das Lastenheft beschreibt im Detail die Funktionalität des zu entwickelnden Systems. Es beschreibt also was und wofür.
3. Pflichtenheft (Systementwurf)
   Das Pflichtenheft beschreibt im Detail wie die Umsetzung erfolgen wird. Es beschreibt also wie und womit.
4. Implementierung
   In der Phase Implementierung wird das Pflichtenheft umgesetzt. Es wird sozusagen das bestellte System entwickelt.
5. Test/Abnahme- und Einführungsphase
   In dieser Phase wird das entwickelte System getestet, durch den Auftraggeber abgenommen und in die Produktion überführt.
6. Betrieb/Wartungs- und Pflegephase
   In dieser Phase wird das neue System betrieben, in Produktion auftretende Fehler behoben und bei Bedarf neue Releases entwickelt.

Das Modell besticht durch seine Einfachheit, sofern die Vorgaben präzise sind. Es ist leicht zu erlernen und auf jeden Fall besser, als eine Software ohne Konzept zu planen. Es eignet sich gerade wegen seiner Einfachheit eher für sehr kleine und übersichtliche Projekte. Bei größeren Projekten sollte man auf andere Modelle zurückgreifen. Der Aufwand bei sich ändernden Grundbedingungen kann sehr groß werden und nimmt viel Zeit in Anspruch.

2.3   Das V-Modell

Das V-Modell ist in Deutschland als Entwicklungsstandard für IT-Systeme des Bundes für die Planung und Durchführung von IT Projekten verbindlich vorgeschrieben. Es ist ein Vorgehensmodell in der Softwareentwicklung, bei dem der Softwareentwicklungsprozess in Phasen organisiert wird. Neben diesen Entwicklungsphasen definiert das V-Modell auch das Vorgehen zur Qualitätssicherung (Testen) phasenweise.

Das V-Modell basiert auf dem Wasserfallmodell: Die Phasenergebnisse sind bindende Vorgaben für die nächsttiefere Projektphase. Der linke, nach unten führende Ast für die Spezifizierungsphasen schließt mit der Realisierungsphase ab. Eine Erweiterung gegenüber dem Wasserfallmodell sind die zeitlich nachfolgenden Testphasen, die im rechten, nach oben führenden Ast dargestellt werden. Den spezifizierenden Phasen stehen jeweils testende Phasen gegenüber, was in der Darstellung ein charakteristisches "V" ergibt, das dem Modell auch den Namen gab. Diese Gegenüberstellung soll zu einer möglichst hohen Testabdeckung führen, weil die Spezifikationen der jeweiligen Entwicklungsstufen die Grundlage für die Tests (Testfälle) in den entsprechenden Teststufen sind.

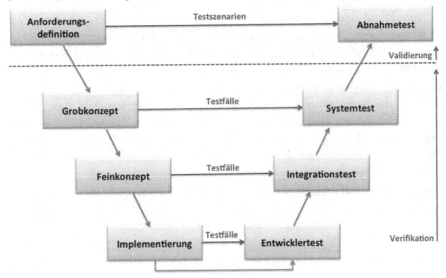

Abbildung 2-2:   V-Modell

Zum V-Modell im Allgemeinen werden in der Literatur die Anzahl der Phasen und auch deren Bezeichnungen unterschiedlich dargestellt, jedoch immer mit 1:1-Gegenüberstellung von Entwurfs- und Teststufen.

2.4   RUP – Rational Unified Process

Der Rational Unified Process (RUP) ist ein kommerzielles Produkt der Firma Rational Software[3]. Es beinhaltet sowohl ein Vorgehensmodell zur Softwareentwicklung als auch die dazugehörigen Softwareentwicklungsprogramme. IBM entwickelt den RUP und die zugehörige Software weiter. Das RUP-Modell ist als Sammlung von Best Practices im IBM Rational Method Composer umgesetzt.

Die Berücksichtigung des Aspekts der Qualität ist jedoch beim Rational Unified Process geringer als zum Beispiel bei der Vorgehensweise nach dem V-Modell.

Das RUP-Modell teilt den Ablauf eines Projektes in vier zeitlich geordnete Phasen auf, die in mehreren Iterationen behandelt werden können:

– Inception (Projektsetup/Konzeption)
  Diese erste Konzeptionsphase hat das Ziel einer gemeinsamen Vision, eines klaren Zieles sowie der Erstellung eines rudimentären Anwendungsfallmodells, welches die wesentliche Funktionalität beschreibt sowie einer tentativen/provisorischen Architektur. Darüber hinaus werden die wesentlichsten Risiken identifiziert und die Ausarbeitungsphase geplant.
– Elaboration (Ausarbeitung/Entwurf)
  In dieser Phase wird ein Architekturprototyp sowie eine grobe Beschreibung der Anwendungsfälle ausgearbeitet. Planung der Konstruktionsphase, Machbarkeitstests, Systemevaluierung und erste Programmteile von Schlüsselkomponenten sind Teil der Elaborationsphase.
– Construction (Implementierung)
  Nachdem die Architektur ausgearbeitet wurde, konzentriert sich diese Phase auf die Entwicklung und das Testen des Produktes. In dieser Phase werden sämtliche Anforderungen unter laufender Abstimmung mit dem Kunden realisiert.
– Transition (Inbetriebnahme)
  Übergabephase und Freigabe der Software an den Kunden.

---

3   Seit 2003 Teil des IBM-Konzerns

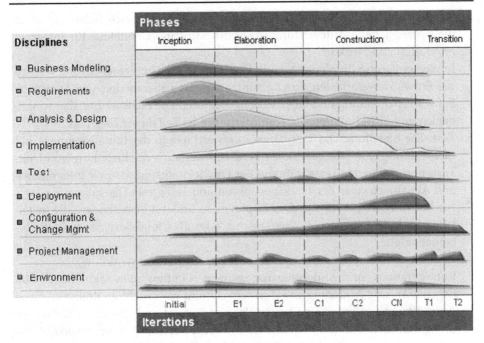

Abbildung 2-3: **Rational Unified Process (RUP)** [4]

Die Struktur der Phasen und Iterationen im RUP-Modell teilt sich in Kern-Arbeitsprozesse (Core Workflow):

1. Geschäftsprozessmodellierung (Business Modeling/Business Analysis): Im Rahmen der Geschäftsprozessmodellierung gilt es, insbesondere Geschäftsprozesse oder Ausschnitte daraus zu dokumentieren. Die Definition von Geschäftsanforderungen und die sich eventuell ergebende Geschäftsprozessoptimierung sind Grundlage zur Vorbereitung einer Automatisierung bzw. IT-Unterstützung der Geschäftsprozesse. In diesen Bereich fallen vor allem die analysierten Anforderungen zur Systemintegration sowie die Planung der Zuständigkeiten im Zusammenhang mit der Websitepflege.

2. Anforderungsanalyse und -management (Requirements): Die Anforderungsanalyse zieht sich bis über die Construction-Phase hinaus, ist jedoch besonders bei Projektbeginn sehr ausgeprägt. Hier werden Anforderungen analysiert und definiert sowie laufend angepasst. Das gewonnene Feedback hat über den gesamten Prozess hinweg starken Einfluss auf die Anforderungen.

---

4 siehe auch http://www.ibm.com/developerworks/library/ws-soa-term2/index.html

3. Analyse und Design (Analysis & Design): In diesen Bereich fallen vor allem die konzeptionelle Aufbereitung sowie die Software-Architektur für Integration, Design und Struktur.

4. Implementierung (Implementation): Im Rahmen der Implementierung werden die Entwicklungsarbeiten durchgeführt, wie das Customizing von Systemen, Softwareentwicklung und Oberflächengestaltung. Die Realisierung aller funktionalen und nicht funktionalen Anforderungen ist Teil dieser Disziplin.

5. Test: Die Erstellung von Testplänen in erster Linie in der Initialisierungs- und Elaborationsphase fallen in diesen Bereich. Aber auch die Erstellung von Unit-Tests und manuellen Tests während der Entwicklungsphase sowie Integrations- und Abnahmetests in der Transitionsphase sind Teil dieser Disziplin.

6. Auslieferung (Deployment): Das Deployment umfasst insbesondere die Installation im kundeneigenen Rechenzentrum oder als Cloud-Service sowie die Inbetriebnahme.

.... und unterstützende Arbeitsprozesse (Core Supporting Workflow):

7. Konfigurations- und Änderungsmanagement (Configuration und Change Management): Das Änderungsmanagement nimmt eine wichtige Rolle ein. Neue Anforderungen werden als Change Requests erfasst und fließen nach Abstimmung unmittelbar in das Projekt ein. Absehbare variable Konfigurationseinstellungen werden bereits in der Software berücksichtigt, auch Veränderungen, falls erforderlich.

8. Projektmanagement (Project Management): Das Projektmanagement zieht sich durch alle Phasen des Projekts und umfasst die Planung, Steuerung und Kontrolle des Projektverlaufes.

9. Infrastruktur (Environment): Unter dieser Disziplin wird der Einbezug der Systemlandschaft in sämtliche andere Bereiche (Anforderungen, Analyse, Design, Implementierung, etc.) verstanden. Systemeinrichtung, Backup, Einbindung in die IT- Umgebung, Netzwerk- und Zugriffssicherheit sind hier zu sehen.

3 Teststufen

Jede Teststufe zeichnet sich durch charakteristische Testziele, Testmethoden und Werkzeuge aus. Auch wenn diese Auflistung eine rein sequentielle Reihenfolge - im Sinne zeitlich abgeschlossener Einheiten - suggeriert, können sich die Teststufen überschneiden bzw. parallel durchgeführt werden. Grundsätzlich bauen die Teststufen in Ihren Ergebnissen jedoch aufeinander auf. Der Übergang zur nächsten Teststufe kann erst dann ausgeführt werden, wenn alle für den Start der nächsten Teststufe wesentlichen Testobjekte abschließend getestet wurden.

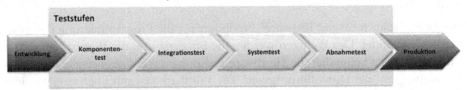

Abbildung 3-1: Teststufen

Um einheitliche Test-Vorgehensweisen über alle Teststufen zu gewährleisten, sollten ebenfalls Prinzipien definiert werden, die in allen Teststufen gelten. Diese Prinzipien bzw. Grundregeln könnten wie folgt aussehen:

Alle Tests müssen

- strukturiert ablaufen
- müssen wiederholbar sein
- müssen dokumentiert und archiviert werden.
- müssen für Dritte transparent und nachvollziehbar sein.
- müssen wirtschaftlich vertretbar sein.
- in der verfügbaren Zeit durchgeführt werden können.

3.1 Komponententest

Der Komponententest wird auch Entwicklertest genannt. Nachdem eine Einheit, Komponente oder Klasse des Produkts entwickelt worden ist, führt der Entwickler einige Tests durch, um zu verifizieren, dass dieses Codefragment der Spezifikation[5] entspricht. Unter anderem identifiziert diese Art von Test Fehler im Design. Es

---

5 Eine Spezifikation ist in diesem Fall eine Beschreibung des Leistungsumfangs der Softwarekomponente.

handelt sich also bei der hier beschriebenen Sicht um einen strukturellen Test, bei dem primär die technische Realisierung und die korrekte Umsetzung der Spezifikation der implementierten Funktionen durch den Entwickler betrachtet werden. Dabei müssen auch die technische Architektur und die Programmstandards (soweit vorhanden, z.B. Namenskonventionen, Entwicklerrichtlinien, etc.) berücksichtigt werden.)

Neben dem Test auf Funktionalität wird die Robustheit getestet, während spezielle Testfälle zum Testen der Ausnahmebehandlung (dem sog. Error-handling) durchgeführt werden (Negativtest).

Bezeichnend für den Komponententest ist, dass jeweils eine einzelne Komponente, Klasse isoliert von anderen Komponenten bzw. Klassen, vom System überprüft wird.

Der Tester ist auch für die Testware[6], besonders für die Programmierung des Testtreibers, zuständig. Des Weiteren werden die Effizienz und die Wartbarkeit getestet. Die Effizienz beinhaltet die Hardware Ressourcen wie zum Beispiel den Speicherzugriff und die Durchführungszeit. Die Wartbarkeit kann überprüft werden, indem die Quellcodestruktur beobachtet wird.

Aus Sicht einer SAP-Instanz erfolgen die Tests grundsätzlich auf dem Entwicklungssystem. Wenn kein spezielles Freigabeverfahren für den Komponententest vereinbart wurde, bestätigt der Entwickler den Testabschluss der jeweiligen Komponente mit Freigabe des Transportauftrages.

Auch wenn die Verantwortlichkeit des Komponententests beim Entwickler liegt, sind die Ergebnisse bzw. Fortschritte des Entwicklertests jedoch als Eingangskriterien für den Integrationstest sehr wohl mit zu betrachten. Daher sollten Verzögerungen bei der Realisierung und den Entwicklertests frühzeitig aufgezeigt werden. Das Testmanagement hat sicherzustellen, dass zu Beginn des Integrationstest die jeweils notwendigen Entwicklungsschritte erfolgreich abgeschlossen sind, um die Tests für den Integrationstest durchführen zu können.

In der Regel erfolgt für diese Teststufe keine separate Testkonzeption. Es muss lediglich die Bestätigung über die Beendigung des Entwicklertests erfolgen.

---

6   Testware ist die Gesamtheit aller Dokumente des Testprozesses. Unter anderen gehören Testskripte, die Testspezifikation, Testtreiber und Platzhalter zur Testware. Die Testware sollte sowohl zu Wartungszwecken als auch für andere Projekte wieder verwendbar sein.

3.2   Integrationstest

Die zweite Ebene ist der Integrationstest. Sobald alle Komponententests erfolgreich abgeschlossen sind, kann der Integrationstest durchgeführt werden. Die verschiedenen „Einheiten" bzw. Programme/ Programmteile werden miteinander verbunden und integrativ, also im Zusammenspiel, getestet.

Dieser Test bildet die erste Stufe der Funktionsüberprüfung der Softwarelösung auf dem Konsolidierungssystem. Hier werden bereits erste Schnittstellentests (im engeren Sinne) und Berechtigungstests (soweit zu diesem Zeitpunkt schon möglich) durchgeführt. Die Tests in dieser Teststufe können Fehlerwirkungen in den Schnittstellen enthüllen. Eine vernünftige Organisation, der während des Komponententest genutzten Testdaten, ermöglicht auch die erneute Nutzung dieser Daten im Integrationstest.

Neben dem funktionalen Test ist der nicht-funktionale Test ein zweiter Schwerpunkt dieser Stufe, der das Last- und Performanceverhalten des Systems beinhaltet. Die Performance wird unter anderem durch Simulation von extremen Bedingungen wie zum Beispiel 1.000 gleichzeitig einloggende Benutzer oder die gleichzeitige Speicherung von 100.000 Datenbankeinträgen getestet. Da es hierfür keinen Sinn macht, in dem einen Fall 1.000 oder gar 100.000 Tester für den Test zu engagieren, werden hier entsprechende Simulationswerkzeuge verwendet.

Ebenfalls wichtig ist die Integrationsstrategie, die die Anordnung der einzelnen Komponenten definiert.

Da in dieser Stufe die zu testenden „Einheiten" sowohl einer technischen als auch einer fachlichen Prüfung unterliegen, sollte der Testabschluss und somit die Freigabe zum Systemtest durch die Freigabe der IT in Abstimmung mit den Fachbereichen erfolgen. Eine Testkonzeption ist für diese Teststufe zwingend erforderlich.

3.3   Systemtest

Während der Komponenten- und Integrationstest aus Sicht des Entwicklers durchgeführt wird, wird der Systemtest (die dritte Teststufe) aus Sicht des Kunden durchgeführt. Im Unterschied zum Integrationstest kommen beim Systemtest noch die so-genannten Dritt-Systeme hinzu. Es werden also nicht nur die entwickelten Komponenten miteinander verbunden, sondern auch die Systeme, die außerhalb der neu entwickelten Software angesiedelt sind und über Schnittstellen angebunden wurden.

Das gesamte System wird getestet, um Unterschiede zwischen der Spezifikation (Kundenanforderung) und dem eigentlichen Verhalten des Systems zu finden. Deshalb ist es wichtig, diese Anforderungen detailliert zu dokumentieren.

Abhängig von den durchzuführenden Testarten (Schnittstellentest, Performance-test, Lebenszyklustest, Berechtigungstest etc.) bietet sich in dieser Teststufe ein stufenweises Vorgehen an, d.h. die Unterteilung des Systemtest in einzelne Test-zyklen und je Testzyklus ein oder mehrere Lauftage. Daher ist es hier nicht unüb-lich, separate Testumgebungen, sowie ggf. mehrere parallele Mandanten/Instanzen vorzusehen.

Anmerkung: Die Startbedingungen für den Systemtest beinhalten die Testendekriterien des Integrationstests. Dies bedeutet, dass der Integrationstest mit Start des Systemtests nicht zwangsläufig abgeschlossen sein muss. Stattdessen sind lediglich alle Tests erfolgreich durchgeführt worden, die notwendige Eingangsbedingungen für den Systemtest sind. Somit können sehr wohl beide Teststufen parallel laufen, zumindest für einen gewissen Zeitraum.

Es bedarf keiner Erwähnung, dass sämtliche Testaktivitäten jeder Teststufe niemals in Produktionsumgebungen erfolgen dürfen. Aber je höher die Teststufe, desto produktionsnäher sollte die Testumgebung sein.

3.4 Abnahmetest

Der Abnahmetest wird speziell für und durch den Kunden und den Endnutzer durchgeführt. Dies ist der Test, bei dem der Kunde seine Geschäftsprozesse im Zusammenspiel mit der neu entwickelten Software testet. Der erfolgreiche Ab-schluss des Abnahmetests zeigt die Produktionsreife der Software. In der Regel wird die Software direkt im Anschluss gemäß einem vorher definierten und abge-stimmten Plan (Rollout-Plan) in die Produktion überführt.

3.5 Generalprobe

Eine meistens unterschätzte Teststufe ist die sogenannte Generalprobe. Diese Test-stufe umfasst das Testen der vorgelagerten, laufenden und nachgelagerten Umstel-lungsaktivitäten. D.h. Kern einer Generalprobe ist der Rollout-Plan (oder auch Cut-Over-Plan). Dieser Plan beschreibt im Detail, welche Aktivitäten zu welchem Ter-min durchgeführt werden müssen, um die Software erfolgreich in Produktion zu bringen. Die Tests der Generalprobe laufen i.d.R. parallel zu den Abnahmetests ab. Sie machen erst dann wirklich Sinn, wenn die Software bereits einen sehr guten Reifegrad hat, und das ist immer erst am Ende der Testphase.

Das beinhaltet die Generalprobe:

– Test der Organisation und der Prozesse des Cut Over-Termins
– Test der Migrationsabläufe der Datenmigration
– Proben der Abschaltstrategie der Alt-Systeme (inkl. Schnittstellen)
– Proben der Einschaltstrategie der Neu-Systeme (inkl. Schnittstellen)
– Test erster Arbeitstag mit dem Neu-System: Funktionstest von kundenwirksamen Anwendungen, wie z.B. Geldautomat, Kontoauszugsdrucker oder Kassenterminal und Online Banking
– Abstimmung der Migration/Buchhalterische Überleitung der Nebenbücher und Darstellung in der Gesamtbanksteuerung inkl. Hauptbuchabstimmung

Da die Tests einer Generalprobe unter „Echt-Bedingungen" laufen (und somit Produktionsdaten genutzt werden), erhält man automatisch auch Aussagen zu Performancethemen, wie Laufzeiten der Migrationsprogramme oder auch die initiale Beladung von Data Warehouse o.ä. Systemen.

4   Testprozess

„Keine Zukunft vermag gutzumachen,
was Du in der Gegenwart versäumst."
Albert Schweitzer (1875–1965)

4.1   Vorbemerkungen

Testen ist der Prozess der Planung, Vorbereitung, Ausführung und Beurteilung mit der Zielsetzung, die Merkmale eines Informationssystems festzustellen und die Differenz zwischen dem aktuellen und dem geforderten Status aufzuzeigen[7].

Zielsetzung des Testens ist das Finden von möglichen Fehlern, d.h. das Entdecken von Abweichungen zwischen IST und SOLL. Im erweiterten Sinn zählt auch das präventive Vermeiden von Fehlern dazu.

Mit dem Testen ist nicht nur die reine Testdurchführung gemeint, sondern auch Testplanung und das Vorbereiten von Testfällen auf Grundlage der funktionalen Spezifikationen. Ein frühzeitiger Testfallentwurf sowie eine frühzeitige Testfallerstellung unterstützen die Fehlerfindung in Spezifikationen und/oder Umsetzungen. Prinzipiell ist es sinnvoll und zudem kostensparend, die Aktivitäten zur Entwicklung einer Software mit der Planung der Teststrategie parallel durchzuführen.

Testen ist ein sich wiederholender Prozess im Rahmen des Softwarelebenszyklusses. Im Laufe dessen, müssen bestimmte Tests mehrmals wiederholt werden (z.B. nachdem eine Fehlerbehebung eingespielt worden ist). In dieser Situation muss überprüft werden, ob eine Fehlerbehebung an der einen Stelle keinen neuen Fehler an einer anderen Stelle verursacht hat. D.h. Tests müssen wiederholt werden, und zwar auch die Tests, die sich nicht direkt auf die fehlerhafte(n) Stelle(n) beziehen.

Diese Wiederholbarkeit stellt gewisse Anforderungen an die Tests. Die Methode muss kontrollierbar sein und das Ergebnis nachvollziehbar. Die Testsuite (die Sammlung von Testfällen, Abläufen, Ein- und Ausgabedaten) wird im Laufe der Weiterentwicklung der Anwendung auch ständig wachsen.

Wenn sich Teile der Anwendung ändern (Funktionalitäten ändern sich oder es gibt Erweiterungen) muss auch die Testsuite dementsprechend geändert werden, da-

---

7   Vgl. Pol, M.; Koomen, T.; Spillner, A.: Management und Optimierung des Testprozesses

mit wiederum geprüft werden kann, ob die neuen Funktionalitäten ordnungsgemäß funktionieren und die bereits existierenden Funktionalitäten immer noch korrekt ablaufen. Das erreichte Niveau an Abdeckungsgrad und Qualität soll ja gleich bleiben oder sich am besten noch erhöhen.

Grundsätzlich kann davon ausgegangen werden, dass Softwareprodukte Fehler enthalten. Es spielt hierbei keine Rolle, ob das Produkt in Eigenentwicklung, durch Fremdvergabe oder durch den Einsatz von Fremdsoftware erstellt wird. Für Fremdsoftware muss schlüssig nachgewiesen werden, wie getestet wurde, um entsprechende Aussagen über die Qualität der Softwareprodukte ableiten zu können. Die zugesicherte Qualität ist nur dann nachvollziehbar, wenn die Qualitätsmaßstäbe nachvollziehbar und messbar sind!

Wie kann also Softwarequalität nachgewiesen werden?

Die aus den Testfällen abgeleitete Datenqualität (reproduzierbare Testergebnisse), die Testorganisation und die Nachvollziehbarkeit der Tests ermöglichen, Qualität sicherzustellen.

Einmal erreichte Qualität muss während des Lebenszyklus eines Produktes erhalten oder verbessert werden. Es ist deshalb nötig, Tests im Lebenszyklus wiederverwendbar zu erhalten, um im Falle von Änderungen bereits erreichte Qualität durch Retests immer wieder erneut zu bestätigen.

4.2 Die fünf Stufen des allgemeinen Testprozesses

Testen ist keine Aufgabe, die am Ende eines Softwareentwicklungsprojektes durchgeführt wird. Ganz im Gegenteil: es ist eine projektbegleitende Maßnahme. Da es sich um eine umfangreiche Maßnahme handelt, unterteilt man das Ganze in verschiedene Phasen bzw. Stufen.

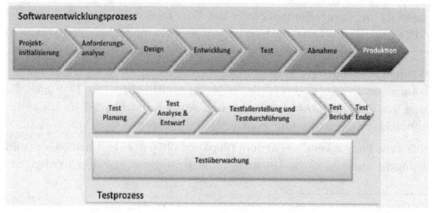

Abbildung 4-1:   Testprozess

4.2.1 Stufe 1: Testplanung und Testüberwachung

Die Phase der Testplanung beginnt gleichzeitig mit der Software-Entwicklung. Darüber hinaus muss das Testmanagement in Betracht ziehen, ob es notwendig ist, Projektmitgliedern einen speziellen Vorbereitungskurs oder eine Schulung zukommen zu lassen. Außerdem müssen die für den gesamten Testprozess benötigten Arbeitskräfte und Werkzeuge eingeplant werden. Besonders für den Fall, dass neue Software für das gegenwärtige Projekt angeschafft wird, muss der Zeitaufwand für Vorbereitung und Durchführung der Schulung für die Testperson einkalkuliert werden.

Der Hauptteil dieser ersten Stufe ist die Teststrategie. Sie beschreibt, welche Werkzeuge und Testmethoden für welchen Produktteil die am besten geeigneten sind und wie viel Zeit die Testperson für jede Komponente des Programms aufwenden sollte. Die Testdauer einer einzelnen Komponente hängt vom Schaden ab, den ein Fehler auslösen kann. Ein Fehler, der einen Systemzusammenbruch verursacht, kostet i.d.R. mehr Zeit und Ressourcen als einer, der einen falschen Titel in einen Brief schreibt. Deswegen muss das Management entscheiden, welcher Teil der sensibelste ist – er muss zuerst und am intensivsten getestet werden. Die weniger sensiblen Teile sollten weniger intensiv und zuletzt getestet werden. Erfahrungsgemäß ist Zeit eine sehr kritische Größe in den meisten Software-Projekten. Darum werden die hoch priorisierten Teile getestet, eventuell auftretende Fehler korrigiert und Fehler, die bei weniger wichtigen Testfällen auftreten, können im Folgerelease korrigiert werden.

Die Festlegung des Testendekriteriums bzw. der Testendekriterien, also jene Kriterien mit deren Bewertung man feststellen kann, ob das Testende erreicht wurde, erfolgt ebenfalls in dieser Phase.

Diese Stufe erstreckt sich über den gesamten Testprozess. Mit fortschreitendem Durchlauf durch den Testprozess, wird die Planung immer weiter verfeinert.

4.2.2 Stufe 2: Testanalyse und Testentwurf

Die oben genannte Teststrategie beschreibt, welche Testmethoden für jede der Softwarekomponenten benutzt werden sollten. Bei diesen Methoden ist die Kernaufgabe der Aufbau logischer Testfälle. Deshalb muss die Spezifikation der Software auf Verständlichkeit und Präzision der Formulierung untersucht werden. Geringe Unterschiede zwischen den Erwartungen des Kunden und der Formulierung der Spezifikation könnten eine falsche Umsetzung der Software und der Testfälle hervorrufen. Je nachdem, wie lange es dauert bis der Fehler entdeckt wird, kostet es mehr Ressourcen, diesen zu korrigieren. Zum Beispiel muss Software, die die Anforderungen des Kunden nicht erfüllt, im schlimmsten Fall komplett neu entwickelt werden. Deswegen ist es wichtig, sicherzustellen, dass die Spezifikationen, die in einem besonderen Projektdokument festgehalten werden, mit den Erwartungen des Kunden übereinstimmen.

Beim Erstellen von Testfällen gibt es zwei Hauptzweige. Die Black Box-Methode zieht nur die Spezifikation in Betracht. Man legt sowohl die Start- und Endbedingungen als auch die Eingabedaten fest. Außerdem muss unter Berücksichtigung der Spezifikation herausgefunden werden, welche Ergebnisse erwartet werden, nachdem dieser Testfall durchgeführt wurde. Erstellt man einen Testfall mit Hilfe der White Box-Methode, bildet der Quellcode die Grundlage dafür (siehe auch 7.1 Black-Box- und White-Box-Methode).

4.2.3   Stufe 3: Testfallerstellung und Testdurchführung

Nachdem die logischen Testfälle in der Phase der Testanalyse und des Testentwurfs entwickelt wurden, folgt nun die Konstruktion der konkreten Testfälle. Die Testfälle werden nach ihrer Priorität und in logische Gruppen sortiert.

Nachdem ein Test durchgeführt wurde, muss eine Dokumentation erstellt werden. Die Informationen müssen detailliert genug sein, um die Testbedingung genau rekonstruieren zu können.

Für den Fall einer aufgetretenen Fehlerwirkung muss diese dokumentiert und einem Entwickler zugeordnet werden, dessen Aufgabe es ist, gefundene Fehlerwirkungen zu analysieren und ggf. zu korrigieren. Eine Fehlerwirkung ist der festgestellte Unterschied zwischen der tatsächlichen und der erwarteten Funktionsweise (also die Anforderung) der Software. Der Tester ist für das Finden einer Fehlerwirkung verantwortlich und die Aufgabe des Entwicklers ist es, die Fehlerursache zu finden und zu korrigieren.

Wurde ein Fehler vom Entwickler korrigiert, ist es Aufgabe des Testers, diesen Teil der Software nochmals zu testen.

Tabelle 4-1:   **Logischer und konkreter Testfall**

	Testfall 1	Testfall 2	Testfall 3
Logischer Testfall	X <=5	3 < X <= 10	X > 8
Konkreter Testfall	4	9	11

4.2.4   Stufe 4: Testinterpretation und Bericht

In dieser Phase wird der Fortschritt des Testprozesses in einer Testfortschrittsanalyse erfasst. Dabei werden die festgelegten Testendekriterien mit dem aktuellen Fortschritt verglichen. Als Testendekriterium kann zum Beispiel der Abdeckungsgrad der Anweisungsüberdeckung (prozentual ausgeführte Anweisungen im Quellcode) oder die Menge der gefundenen Fehlerwirkungen pro Teststunde verwendet werden.

Beispiel für Testendekriterien:

- Testendekriterium 1: Abdeckungsgrad der Anweisungen = 90 %
- Testendekriterium 2: gefundene Fehlerwirkungen pro Stunde = 2

Die Testphase endet, sobald 90 % aller Anweisungen des Quellcodes ausgeführt wurden und gleichzeitig nur noch zwei oder weniger Fehlerwirkungen in einer Stunde gefunden werden.

Wenn eines der Testendekriterien nicht erreicht ist, muss das Testen fortgesetzt werden. Wenn die Testphase abgebrochen wird, weil die Zeit oder das Geld ausgeht, wurde der Fehler in der Planungsphase gemacht. Deshalb sollte ausreichend Zeit für das Korrigieren von Fehlern und dessen erneutes Testen (Regressionstest) eingeplant werden. Nach dem Abbruch muss ein Testbericht erstellt und dem Testmanager, dem Projektmanager und, wenn notwendig, dem Kunden ausgehändigt werden.

4.2.5 Stufe 5: Beenden der Testaktivität

Diese Phase beinhaltet das kritische Review des gesamten Projekts vom Anfang bis zum Ende der Testaktivität. Negative Erfahrungen, wie Engpässe in der Ressourcen-Planung, negatives Feedback vom Endnutzer oder Empfehlungen zur Verbesserung der Software sowie positive Dinge wie das rechtzeitige Erreichen von Meilensteinen werden dokumentiert. Dieses Review des Projektes macht es erst möglich, den Service und die Software zu verbessern.

5   Teststrategie

Unter der Strategie können sowohl – die für das Projekt – festgelegten und geplanten Testrahmenbedingungen als auch der daraus abzuleitenden und umzusetzenden Einzel-Aktivitäten verstanden werden. Sie kann somit nicht nur die allgemeine Vorgehensweise des Projektes - zum Thema Test - beschreiben, sondern trägt auch zum Verständnis bei, welche Aufgabenpakete und Aktivitäten sich daraus ergeben. Genau genommen können also schon die Kapitel 4 Testprozess und Kapitel 3 hinsichtlich der Teststufen zu einer Teststrategie zählen. Wie weit bzw. wie eng man den Begriff der Teststrategie für das eigene Projekt fassen möchte, ist letztendlich eine reine Definitionsfrage bzw. hängt vom Betrachtungswinkel der Person, die diese formuliert, ab. Entscheidend und daher unabhängig von der gewählten Definition ist, dass man alle wesentlichen Testaspekte bedacht hat.

Wesentliche Testaspekte (in Anlehnung an die Norm IEEE 829 - Standard for Software Documentation):

– Testziele (s. Kapitel 5.1 Testziele)
– Testumfang (s. Kapitel 5.2 Testumfang)
– Teststufen (s. Kapitel 4.2 Die fünf Stufen des allgemeinen Testprozesses)
– Testfallerstellung (s. Kapitel 7 Grundsätzliche Methoden der Testfallerstellung)
– Testorganisation und Verantwortlichkeiten (s. Kapitel 5.3 Testorganisation)
– Testplanung (s. Kapitel 5.5 Testplanung)
– Teststatusreporting (s. Kapitel 5.4 Reporting)
– Testumgebung und Transportwesen (s. Kapitel 9 Testumgebung)
– Testdatenmanagement (s. Kapitel 10 Testdatenmanagement)
– Fehlermanagement (s. Kapitel 8 Fehlermanagement)
– Abnahmen und Abnahmeverfahren (s. Kapitel 11 Abnahmeverfahren)
– Risiken, Abhängigkeiten und parallele Testaktivitäten (s. Kapitel 12 Risiken, Abhängigkeiten und parallele Testaktivitäten)

Die richtige Teststrategie während der Entwicklungsphase von Software hilft nicht nur, die Qualität der fertigen Anwendung sicherzustellen. Sie kann auch schon in der Frühphase der Entwicklung Probleme und Designfehler aufdecken, die zu einem späteren Zeitpunkt nur mit hohen Kosten gelöst werden können. Doch die Testentwicklung und Qualitätssicherung können sich sehr schnell so kompliziert wie die ganze Anwendungsentwicklung selbst erweisen – und damit das Budget der Softwareentwicklung sprengen.

5.1   Testziele

Während der Phase der Testplanung ist die Definition der Testziele von elementarer Bedeutung. Je nach Größe und Organisationsstruktur des Projektes existieren in der Regel mehrere Teams bzw. Teilprojekte, die unterschiedliche Arbeitspakete verantworten. Daher sollte man die Ziele ebenfalls in gesamtprojekt- bzw. teilprojektübergreifende- (Aspekte, die jedes Team gleichermaßen betreffen) und teilprojektspezifische Ziele (Beispiele folgen im Text) unterteilen. Für das Testmanagement bzw. die Projektleitung sind diese Ziele sehr wichtig, da sie wesentlichen Einfluss auf die Testfallerstellung (bzgl. Testabdeckung, Art und Anzahl der Testfälle, Schwerpunkte von Testfällen, spätere Priorisierung von Testfällen), das Reporting im Hinblick auf Fortschrittskontrolle und nicht zu vergessen auf die finale Abnahme haben.

Übergreifende Ziele lassen sich auch aus den Qualitätsmerkmalen bzw. deren Teilmerkmalen der ISO 9126[8] ableiten.

Abbildung 5-1:   ISO 9126

Beispiele für teilprojektübergreifende Ziele:

– Vollständige Beladung und technische Verarbeitung durch die Gesamtarchitektur stimmig von Vorsystemen bis ins SAP BW[9] und nachgelagerter Auswertungssysteme
– Sicherstellung der qualitativen internen und externen Bilanz-, Berichts- und Meldefähigkeit

---

8   Die Norm ISO/IEC 9126 stellt eins von vielen Modellen dar, um Softwarequalität sicherzustellen

9   SAP BW (neuerdings SAP BI = Business Intelligence) ist das Datawarehouse-System der SAP AG

– Stabiler Betrieb mit adäquater Performance und Laufzeiten, die eine Basis für einen späteren Produktivbetrieb darstellen.

Darüber hinaus kann und sollte jedes einzelne Team eigene, operationale (Unter-) Ziele definieren, die sich sowohl aus den Qualitätsanforderungen, möglichen Risiken und Spezifika des Teilprojektes ergeben. Auch hier kann nach technischen und fachlichen Zielen unterteilt werden.

Beispiele für Teilprojektspezifische Ziele (technisch, fachlich):

– Analyzer - Team: vollständige technische HGB-Verarbeitung im Balance Analyzer/AFI[10] zum definierten Stichtag
– Fachbereich Bilanzen/Reporting: Überprüfen und Verifizieren der erstellten Bilanzierungsergebnisse im BW-Reporting mit fachlich korrekten Ergebnissen aller erstellten Einzelgeschäfte

Der Prozess der Zieldefinition wirkt in der Theorie sehr banal. Wir können aber aus eigener Erfahrung bestätigen, dass sich der Abstimmprozess mit den beteiligten Teams bis zur finalen Zieldefinition recht aufwendig gestalten kann.

Durch die Definition von Testzielen wird der Test prinzipiell zielorientiert gestaltet und damit gestraffter. Die jeweils mit dem Testziel verbundene Qualität des Produktes wird messbar.

5.2 Testumfang

Nachdem die Ziele nun definiert wurden, dienen diese in einem nächsten Schritt als Basis, um daraus den Testumfang ableiten zu können. Zu der Überlegung, welche Testfälle definiert werden, sollte man sich parallel dazu Gedanken machen, welche Testfallstruktur am besten geeignet ist, um diese abzubilden. Dies ist erforderlich, um eine sinnvolle Gliederung für die Durchführung und zum Monitoring der späteren Testaktivitäten zu erhalten.

Beispielhaft sei hier eine dreistufige Hierarchie beschrieben, wobei die einzelnen Hierarchieebenen voneinander abhängig sind:

---

10 AFI = Accounting for Financial Instruments (AFI ist die SAP Lösungskomponente zur Abbildung eines kompletten Nebenbuchs für sämtliche Finanzgeschäfte und – instrumente.)

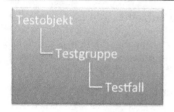

Abbildung 5-2:   Testhierarchie

5.2.1   Testobjekt

Die Testobjekte können z.B. die zu testenden SAP-Module oder komplexe Programme sein. Selbstverständlich können auch Schnittstellen, Vor-/Liefersysteme, Archivierung, Berechtigung oder Performance als eigenständige Testobjekte definiert werden. Diese sind dann separat für jede Teststufe auszuwählen. Somit kann gewährleistet werden, dass für einen Komponententest eher technisch orientierte Testobjekte definiert werden, während für einen Systemtest eher fachlich orientierte Testobjekte (z.B. einzelne Bilanzierungsmethoden: HGB, IFRS, Überleitungsrechnung, bankenaufsichtsrechtliche Meldungen/Reports) Relevanz haben.

5.2.2   Testgruppe

Die Testgruppe dient der feineren Untergliederung der Testobjekte. Je nach Größe, Umfang und Komplexität des Testobjektes dienen diese der besseren Nachvollziehbarkeit. Im Beispiel der HGB-Bilanzierungsmethode könnten die einzelnen Bankprodukte (z.B. Avale, Darlehen, Wertpapiere, usw.) die Testgruppen darstellen. Um für „einfache" Testinhalte nicht eine komplett neue Struktur einführen zu müssen, kann die Testgruppe auch in diesen Fällen 1:1 dem Testobjekt entsprechen.

5.2.3   Testfälle

Der Testfall bildet die unterste Ebene der Gliederung. Die Testfälle ergeben sich durch Variationen der verwendeten Ausgangsdaten, mit denen ein bestimmtes Testszenario durchgeführt wird. In unserem Beispiel können hier einzelne Geschäftsvorfälle (z.B. Storno, Auszahlung, außerplanmäßige Tilgung) definiert werden. Bei komplexen Testfällen sollten auf dieser Ebene zusätzlich auch dedizierte Testschritte benannt werden.

Anmerkung:

Bei der Ermittlung des Testumfangs ist zu berücksichtigen, dass es mindestens genauso wichtig ist, die Testobjekte zu benennen, die definitiv vom Test ausgeschlossen werden sollen, da sie aus bestimmten Gründen nicht Testgegenstand der betroffenen Teststufe sein sollen. Dies muss zwingend unter Angabe einer plausiblen Begründung dokumentiert werden. Darüber hinaus sollte man bei weit fortgeschrittenen Tests immer ein zusätzliches Testobjekt definieren, welches "Restanten" (nicht erledigte Testfälle aus vorhergehenden Teststufen/Testphasen)-berücksichtigt.

Test-objekt	HGB			Reports / Meldungen		Restanten
Test-gruppe	Aval	Darlehen	„........"	Deckungsregister	„........"	K-Test-Restanten
Team 1	TF 1...n	TF 1...n	TF 1...n			TF 1.....n
Team 2				TF 1...n	TF 1.....n	TF 1.....n

Abbildung 5-3: Grafische Darstellung Testobjekt – Testgruppe - Testfall

5.3 Testorganisation

Im Rahmen einer Testorganisation sind die nachfolgenden Themen zu berücksichtigen:

1. Rollen und Aufgaben

2. Regelkommunikation

5.3.1 Rollen und Aufgaben

Tabelle 5-1: Testorganisation – Rollen und Aufgaben

Rolle	Aufgabe
Testma-nage-ment	Bereitstellung von Methoden/Tools/Testver-fahren/Strukturen
	Erstellen der Termin- und Ressourcenplanung
	Raumplanung für Testdurchführung, Infrastruktur (PCs, Software, Anbindung etc.), Einladungs-Management (insbesondere für Mitarbeiter aus anderen Standorten)
	Koordination Aufbau/Bereitstellung Testumgebung
	Organisation der Testdatenbereitstellung
	Verbundtestumgebung mit Ansprechpartnern der Partner-/Vorsysteme abstimmen (SW-Version, Schnittstellen, Firewall, Testuser-Berechtigungen, etc.)
	Definition und Monitoring von Arbeitspaketen (Testaufträge) an das Testteam
	Koordination der Testfallerstellung (verbindliche Testfalltemplates und Vorgehensweisen für alle Tester schaffen)
	Monitoring der rechtzeitigen Testfallausführung, Terminverfolgung durchführen, Eskalationswege nutzen

Rolle	Aufgabe
	Ermittlung und Bewertung des Fehleraufkommens
	Berichts- und Informationsaufgaben
	Erstellung von Teststatusberichten
	Erstellung eines ausführlichen Testabschlussberichts
	Sicherstellung des Übergangs zur nächsten Teststufe
	Qualitätssicherungsmaßnahmen
	Abnahme-Meeting durchführen, Abnahmeprotokoll erstellen
	Somit ist das Testmanagement für die Planung, Steuerung und Koordination des gesamten Testprozesses verantwortlich.
Test-team-koordi-natoren	Insbesondere bei großen Projekten ist es für das Testmanagement erforderlich, aus den einzelnen Testteams zusätzliche Testkoordinatoren zu benennen. Diese fungieren als Bindeglied zwischen dem Testmanagement und dem jeweiligen Testteam und sind zentrale Ansprechpartner für die individuellen Testaspekte eines jeden Testteams.
	Sicherstellung der vom Testmanagement gemachten Rahmenvorgaben für das eigene Testteam
	regelmäßige Berichterstattung zum Status der Testaktivitäten aus Sicht des jeweiligen Testteams
	regelmäßige Teilnahme an Testmanagement-Jour Fixes
	Unterstützung des Testmanagements bei der Erstellung von Testfall- und Fehlerstatistiken
Tester	Der Tester verantwortet die Durchführung der Testfälle, die Auswertung und korrekte Dokumentation der Ergebnisse.
	Erstellen von Testfällen
	Mitarbeit bei der Bereitstellung von Testdaten
	Durchführen von Testfällen
	Beurteilung der Ergebnisse der einzelnen Testfälle, Dokumentation von Fehlern
	Erstellung von Fehlerbeschreibungen und Einstellen der Fehler in das Fehlerverwaltungstool.
	Zeitnahe Meldung von Fehlern, Verfolgung der Fehlerbeseitigung, Überwachen des Bearbeitungsstatus von Fehlermeldungen
	Protokollierung der Testergebnisse in Testfallprotokollen.
	Pflegen der Testfall- und Fehlerverwaltung

5.3.2 Regelkommunikation

Die Kommunikation ergibt sich letztendlich aus der Rollen- und Aufgabenverteilung. Die erforderlichen Besprechungsräume und Präsentationsmedien sind im

Vorfeld sicherzustellen. Abhängig von den zu besprechenden Inhalten setzen sich die Teilnehmer aus Mitarbeitern des Testmanagements, Testteamkoordinatoren und Testern zusammen. Bei Bedarf werden weitere Ansprechpartner, wie z.B. Spezialisten bei Sonderthemen oder auch die Projektleitung bei Entscheidungsbedarf, mit einbezogen. Entscheidend ist, diese Sitzungen in regelmäßigen (zu feststehenden und sich wiederholenden) Abständen durchzuführen und die dort besprochenen Ergebnisse zu protokollieren. Ebenfalls sind die sich daraus ergebenden Aufträge in "To-Do-Listen bzw. "offene Aufträge-Listen" nachzuhalten.

Tabelle 5-2: **Testmanagement Jour Fixe**

Thema	Beschreibung
Testmanagement Jour Fixe	Jeweils dienstags von 09:30 – 10:30 Uhr, Raum X123
Teilnehmer	Testmanagement und Testteamkoordinatoren
Agenda	Teststatus
	Fehlerstatus
	Anstehende Aktivitäten
	Offene Punkte Liste
	Entscheidungsbedarf
	Organisatorisches
	Sonstiges

Hier ist besonders auf eine Standardisierung der zu besprechenden Agendapunkte zu achten. Im Idealfall werden die Inhalte in der ersten Sitzung mit allen Beteiligten gemeinsam abgestimmt. Da der Vorbereitungsaufwand für diese Sitzungen nicht unterschätzt werden darf, hat diese Vorgehensweise den entscheidenden Vorteil, dass sich jeder Teilnehmer – in Kenntnis seines täglichen Arbeitsablaufes – in adäquater Form auf die Sitzungen vorbereiten kann.

5.4 Reporting

5.4.1 Berichtswesen

Ausgehend von den Inhalten kann nun auch das Berichtswesen aufgesetzt werden. Dieses basiert auf Informationen aus:

- Testfallmanagementtool
- Fehlermanagementtool
- Testplänen
- Testrelevante Basisdokumente

Dabei werden die Informationen aus den verschiedenen Quellen miteinander in Beziehung gesetzt und in einem Teststatus-Reporting dokumentiert.

Bei der Konzeption des Teststatus-Reporting sollten insbesondere folgende 3 Fragestellungen berücksichtigt werden:

1. **WAS** sind Ziel und Inhalt des eigenen Teststatus-Reporting
2. **WER** (Sender) berichtet an **WEN** (Empfänger), **WIE OFT** (Rhythmus) und **WANN** (Zeitpunkt)
3. **WIE** werden die Informationen und Reports aufbereitet

Je nachdem, wie diese Fragestellungen beantwortet werden, ergeben sich daraus auch die entsprechenden Ausgestaltungsmöglichkeiten. Ein Muster eines Teststatusberichts ist im Anhang zu finden.

Der so konzipierte Teststatusbericht ist mit dem Berichtswesen des Gesamtprojektes zu synchronisieren. Hierzu wird in einem ersten Schritt ein Vorschlag erarbeitet, der mit der Projektleitung abgestimmt wird. Hat sich der Testmanager mit seiner Projektleitung über den Teststatusbericht geeinigt, müssen Möglichkeiten der Automatisierung dieses Berichtes evaluiert werden. Denn je weiter fortgeschritten die Testphase ist, desto häufiger und aktueller müssen Projekt- und Programmleitung über den Teststatus informiert werden. Ansonsten läuft man als Testmanager Gefahr, einen dedizierten Mitarbeiter aus dem Testteam für die manuelle Erstellung dieses Teststatusberichts abzustellen, der nichts anderes zu tun hat, als permanent aktuelle Informationen von den einzelnen Testteams einzufordern und den Bericht zu aktualisieren.

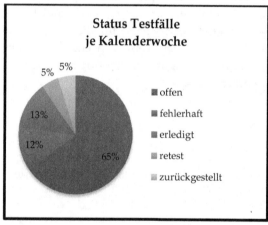

Abbildung 5-4:   **Grafische Darstellung Testfallstatus je KW**

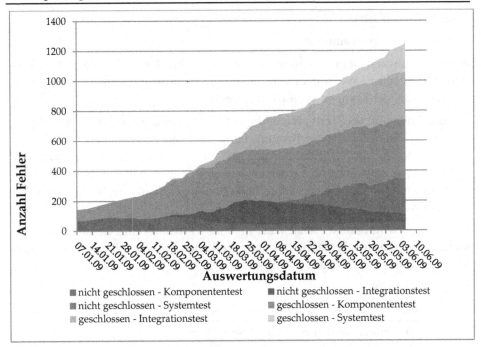

Abbildung 5-5: Grafische Darstellung kumulierter Fehlerstatus nach Teststufe

5.4.2 Key Performance Indikatoren (KPI´s) im Testmanagement

Heutzutage wird im Berichtswesen oftmals von KPI gesprochen, dem sogenannten Key Performance Indicator. Als Key Performance Indicators werden Schlüssel-kennzahlen bezeichnet, die die unternehmerische Leistung widerspiegeln. Der Begriff fasst alle betrieblichen Kenngrößen, die in irgendeiner Form Erfolge bzw. Misserfolge abbilden, zusammen

Was für die Betriebswirtschaftslehre gilt, hat auch im Testmanagement seine Gül-tigkeit. Daher möchten wir in diesem Abschnitt auf Kennzahlen eingehen, die sich in unserer täglichen Projektarbeit bewährt haben und es ermöglichen, Aspekte des Testens mess- und bewertbar zu machen. Hierbei möchten wir erwähnen, dass die nachfolgenden Kennzahlen eher auf pragmatischen als auf wissenschaftlich theore-tischen Ansätzen beruhen. Beispielhaft seien hier die Restfehlerabschätzung (er-fahrungsbasierte Abschätzung der Restfehlerwahrscheinlichkeit des Softwarepro-dukts in der Produktion) und Zuverlässigkeitswachstumsmodelle zu nennen.

5.4.2.1 Testaufwand

Gesamtaufwand/Gesamtkosten

Beim Testaufwand ist primär zu unterscheiden, welche Einflussgrößen berücksichtigt werden sollen. Wenn man vom gesamten Testaufwand spricht, sollte er die Summe folgender Komponenten widerspiegeln:

- Aufwände für die Testvorbereitung (z.B. Testkonzeption, Testfallerstellung, Aufbau/ Bereitstellung der Testumgebung, Testdatenbereitstellung)
- Aufwände für die Testdurchführung (z.B. technische Verarbeitungen, fachliche Prüfungen, Aufwände für Fehlerbehebungen)
- Aufwände für den Testabschluss (z.B. Abnahme, Sicherungen der Testdokumentationen)

In der Regel wird dann diese absolute Zahl ins Verhältnis zum Gesamtprojekt gesetzt, um so die entsprechende Relation zu erhalten. Diese kann dann als Maßgröße für zukünftige gleichgeartete Projekte dienen.

Beispiel Kennzahl:

$$\frac{\text{Gesamtaufwände Test in Personentagen}}{\text{Gesamtaufwände Projekt in Personentagen}}$$

In einem unserer letzten größeren SAP-Projekte lag dieser Wert bei 30%.

Anmerkung:

Insbesondere die Ermittlung der Fehlerbeseitigungskosten/-aufwände gestaltet sich in der Praxis als schwierig. Hilfreich kann hier die Nutzung von SAP CATS (Cross Application Time Sheet) sein, wenn dieses Tool zur allgemeinen Zeiterfassung der gesamten Projektaufwände genutzt wird. So wäre es durchaus sinnvoll im Rahmen der Ausgestaltung der zu bebuchenden PSP-Elemente diesen Aspekt zu berücksichtigen und womöglich ein eindeutiges PSP-Element für die Erfassung der Fehlerbeseitigungsaufwände einzurichten und später auszuwerten. Es wäre auch ein separates PSP-Element je Teststufe denkbar.

Auslastungsspitzen ermitteln

Die nächste Kennzahl ist insbesondere im Hinblick auf die Ressourcenplanung von wesentlicher Bedeutung. Hier gilt es anhand der ermittelten Planwerte Auslastungsspitzen zu erkennen und rechtzeitig gegenzusteuern. Dies gilt sowohl bei der Betrachtung einzelner Tester als auch für eigenständige Testobjekte bzw. ganze Teststufen. Die Kennzahl soll hier anhand eines einzelnen Testers im Rahmen der Testdurchführung erläutert werden:

- Tester D. Vivenzio ist im Februar im Rahmen des Systemtests zum Test des Testobjektes „Bilanzen HGB" vorgesehen

- Der Einfachheit halber unterstellen wir, dass er zu 100% für die Tests zur Verfügung steht
- Er hat für das Testobjekt im Vorfeld 50 Testfälle erstellt. Als Planaufwand hat er je Testfall 4 Stunden geschätzt.
  - sein Planaufwand beträgt also: 50 Testfälle x 4 Stunden = 200 Stunden
  - die verfügbaren Testtage belaufen sich auf 20 Arbeitstage (mit 8 Stunden je Arbeitstag)

Die Kennzahl ermittelt sich aus:

$$\frac{\text{Planaufwand Testfälle in h (200h)}}{\text{Verfügbare Testzeit in h (160h)}}$$

Im Ergebnis erhalten wir einen Wert von 1,25. Somit wird ersichtlich, dass der Tester mit einer Auslastung von 125% verplant wurde. Selbst ein Wert von 1 bedeutet letztendlich, dass man sich auf dem "kritischen Pfad" bewegt und es zu keinerlei zeitlichen Verzögerungen kommen darf. Werte unter 1 implizieren einen zeitlichen Puffer.

Wie gesagt kann man zur Ermittlung dieser Kennzahl verschiedene Bezugsgrößen (Testteams, kritische Testobjekte, Testphasen oder ganze Teststufen) heranziehen. Die Bedeutung des ermittelten Wertes bleibt aber immer gleich.

5.4.2.2 Testfortschritt

Auch diese Kennzahl setzt eine detaillierte Planung voraus. Es ist nicht ausreichend, nur die Anzahl getesteter Testfälle im Verhältnis zur Gesamtanzahl der Testfälle zu betrachten. Vielmehr müssen die Testfälle in ihren zeitlichen Bezug gebracht werden. Dies bedeutet, dass bspw. auch zu planen ist, welche Testfälle wann getestet werden sollen. Die Planung kann je nach Projekterfordernissen auf täglicher, wöchentlicher oder monatlicher Basis erfolgen.

Die Kennzahl ermittelt sich aus:

$$\frac{\text{Anzahl geplante Testfälle je Zeiteinheit}}{\text{Anzahl tatsächlich durchgeführte Testfälle je Zeiteinheit}}$$

Die nächste Abbildung zeigt eine graphische Darstellung eines möglichen Testfortschritts.

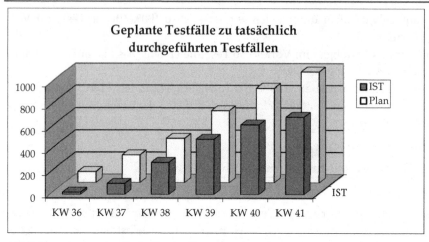

Abbildung 5-6:   Grafische Darstellung Testfortschritt

Es kann aber auch zu Situationen kommen, bei denen der Testfortschritt trotz zu-
nehmender Testdauer plötzlich abnimmt. In der vorherigen Abbildung sahen wir
einen stetig zunehmenden Testfortschritt. Die nächste Abbildung veranschaulicht
einen plötzlich abnehmenden Testfortschritt.

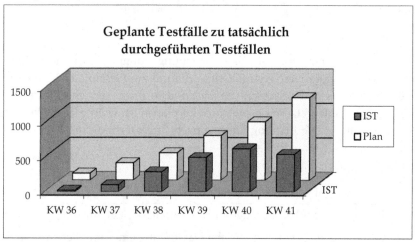

Abbildung 5-7:   Grafische Darstellung plötzlich abnehmender Testfortschritt

In der Abbildung innerhalb der Kalenderwoche 41 sind 2 Effekte aufgetreten:

1. die Anzahl der geplanten Testfälle ist sprunghaft angestiegen
2. die Anzahl der tatsächlich durchgeführten Testfälle hat sich verringert.

Zum einen kann es durch Reduzierungen des Testscopes bzw. geänderten Anforderungen dazu kommen, dass bereits im Test befindliche Testobjekte inkl. deren

Testfälle obsolet geworden sind. Dies hat zur Folge, dass diese Testfälle deaktiviert werden müssen. Wir möchten hierbei explizit von „deaktiviert" und nicht „gelöscht" sprechen, da es zum Zwecke einer revisionskonformen Nachvollziehbarkeit zwingend erforderlich ist, diese Testfälle nicht komplett aus dem System (Testfallmanagementtool) zu löschen.

Zum anderen kann es im umgekehrten Fall zu Erweiterungen des Testscopes im Rahmen von neuen Anforderungen/Change Requests kommen. Dies hätte zur Folge, dass neue Testfälle angelegt und erstellt werden müssen. Somit würde sich die Gesamtzahl der Testfälle erhöhen.

5.4.2.3 Resttestzeit

Wie bereits im vorhergehenden Kapitel beschrieben ist der im Vorfeld ermittelte Planaufwand für die Testdurchführung eine entscheidende Größe. Hat man die Testvorbereitung bereits abgeschlossen und geht nun einen Schritt weiter, nämlich zum Start der Testdurchführung, kann man sich einer weiteren Kennzahl bedienen: der Resttestzeit. Diese Kennzahl setzt sich zusammen aus dem Planaufwand aller noch nicht abgeschlossenen Testfälle (z.B. offen, fehlerhaft, in Arbeit, zurückgestellt/blockiert) abzüglich des Planaufwandes aller bereits abgeschlossenen Testfälle. Je nachdem, welche Zeiteinheit im Projekt verwendet wird (Teststunden, Testtage, etc.) ermittelt sich der Planaufwand für die noch ausstehenden Tests. Dieser Wert sollte dann ins Verhältnis zu den noch verfügbaren Testtagen gesetzt werden.

Hier wird natürlich bewusst mit einer gewissen Unschärfe bei allen bereits begonnen Tests (z.B. fehlerhafte und in Arbeit befindliche Testfälle) gelebt, da diese Fälle bereits begonnen und ein Teil des Aufwandes verbraucht wurde. Korrekterweise dürfte man hier nicht den gesamten Planaufwand der betroffenen Testfälle berücksichtigen. Daher könnte sich anbieten bei den bereits begonnen Testfällen mit einer Gewichtung zu arbeiten, sodass man einen Gewichtungsfaktor von bspw. 0,75 berücksichtigt.

Beispiel:

Planaufwand aller Testfälle (95 PT[11]): 95 Testfälle je 1 PT

Testdurchführung gestartet:

Gewichtung der fehlerhaften Testfälle: 0,75

Gewichtung in Arbeit befindlicher Testfälle 0,50

---

11 PT = Personentage

Somit ergeben sich für die einzelnen Teststatus folgende Werte:

1. 50 TF offen   (50x 1 =50 PT)
2. 20 TF fehlerhaft   (20 x 1 x 0,75 = 15 PT)
3. 15 TF in Arbeit   (10x 1 x 0,50 = 5 PT)
4. 10 TF geschlossen (10 x 1 = 10 PT)

Die Kennzahl ermittelt sich aus:

Planaufwand aller nicht abgeschlossenen Testfälle (inkl. Gewichtungsfaktor)

abzgl. Planaufwand aller bereits abgeschlossenen Testfälle

Für unser Beispiel bedeutet dies eine Resttestzeit:

50 + 15 + 5 – 10 = 60 Personentage

Die so ermittelte Kennzahl wird dann ins Verhältnis zu dem noch verfügbarem Testzeitraum gebracht. Die nächste Abbildung veranschaulicht dies graphisch:

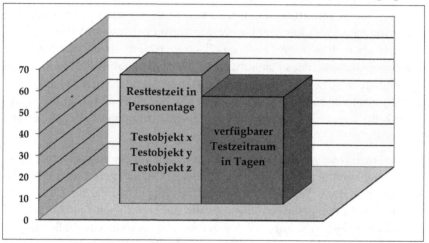

Abbildung 5-8:   **Grafische Darstellung Resttestzeit größer verfügbarem Testzeitraum**

Wir sehen, dass die aus unserem Beispiel ermittelte Resttestzeit von 60 Personentagen einem verfügbaren Testzeitraum von 50 Testtagen gegenübersteht. Ohne in der aktuellen Situation gegenzusteuern, wird klar ersichtlich, dass wir große Probleme bekommen werden, unsere Tests in time abzuschließen. Nun muss man sich überlegen, welche Gegenmaßnahmen getroffen werden können, um sein Testziel zu erreichen. Es bestünde die theoretische Möglichkeit, zusätzliche Tester mit einzubeziehen oder die tägliche Arbeitszeit zu erhöhen. Dies gestaltet sich aber in der Praxis oftmals als sehr schwierig, da ad hoc weder die personellen Ressourcen noch das fachliche Know how verfügbar sind. Bei Erhöhung der täglichen Ar-

beitszeit muss die Gesamtbelastung der Tester (Stichwort: Effektivität bei Dauerbe-
lastung) und der Betriebsrat berücksichtigt werden.

Eine Lösung unseres Problems könnte darin bestehen, die Relevanz, Abhängigkeiten und Priorisierung der einzelnen Testobjekte zu überprüfen. Dies könnte dazu
führen, dass man sich entschließt, ein niedrig priorisiertes Testobjekt aus dem aktuellen Testscope herauszunehmen und zu einem späteren Zeitpunkt zu testen
(Produktivsetzung in mehreren Stufen) beziehungsweise ein „de-scoping" vor-
nimmt und das identifizierte Testobjekt - nach Abstimmung mit allen Beteiligten –
komplett streicht.

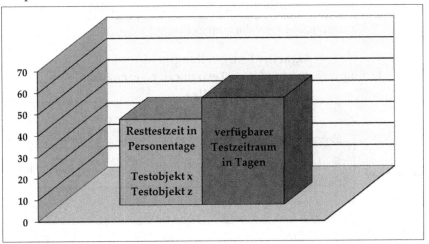

Abbildung 5-9:   **Grafische Darstellung Resttestzeit kleiner verfügbarem Testzeitraum**

Abschließend nochmals der Hinweis, dass diese Kennzahlen nie als absolute Zahlen betrachtet werden dürfen, sondern immer im Zusammenhang mit der jeweiligen Projektsituation in Bezug zu bringen sind und auch aufgrund ihrer Unschärfe
(bei der Ermittlung) als Indikation dienen sollen.

5.4.2.4 Fertigstellungsgrad

Diese Kennzahl soll eine Aussage darüber ermöglichen, in welchem Umfang der
Test zu den betrachteten Zeitpunkten tatsächlich fertig gestellt wurde. Im Gegensatz zum Testfortschritt werden hier nicht alle durchgeführten Testfälle sondern
die „erfolgreich" durchgeführten Testfälle betrachtet. Somit lässt sich eine Bewertung über die erreichte Qualität des Testgegenstandes ermitteln.

Selbstverständlich hat der Fertigstellungsgrad auch unterschiedliche Ausgestaltungsmöglichkeiten. Wir möchten hier kurz auf 3 Ausprägungen eingehen.

Zur Verdeutlichung gelten folgende Rahmendaten:

– Gesamtanzahl Testfälle: 1000
– Anzahl erfolgreich durchgeführte Testfälle zum Zeitpunkt x bzw. zum Betrachtungszeitraum: 300
– Anzahl zur Durchführung geplanter Testfälle zum Zeitpunkt x bzw. zum Betrachtungszeitraum: 400

1. Gesamtfertigstellungsgrad

Die Kennzahl ermittelt sich aus:

$$\frac{\text{Anzahl erfolgreich durchgeführter Testfälle zum Zeitpunkt x}}{\text{Gesamtanzahl Testfälle zum Zeitpunkt x}}$$

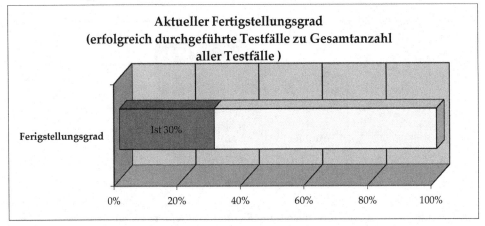

Abbildung 5-10:   Grafische Darstellung Gesamtfertigstellungsgrad

2. Fertigstellungsgrad je Betrachtungszeitraum

Die Kennzahl ermittelt sich aus:

$$\frac{\text{Anzahl erfolgreich durchgeführter Testfälle je Betrachtungszeitraum}}{\text{Anzahl geplanter Testfälle je Betrachtungszeitraum}}$$

Wie bereits erwähnt ist bei dieser Kennzahl eine detaillierte Planung der durchzuführenden Testfälle erforderlich. Die Anzahl geplanter Testfälle je Betrachtungszeitraum erfordert die Informationen, wann und wie viele (welche) Testfälle zur Durchführung vorgesehen sind.

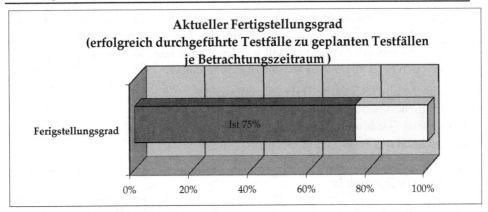

Abbildung 5-11:   Grafische Darstellung Fertigstellungsgrad je Betrachtungszeitraum

3. Gesamtfertigstellungsgrad bezogen auf den Betrachtungszeitraum

Diese dritte Kennzahl bildet sich aus der Kombination der ersten beiden und eignet sich unserer Meinung nach hervorragend um den aktuellen Fertigstellungsgrad darzustellen.

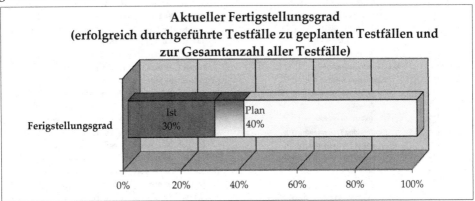

Abbildung 5-12:   Grafische Darstellung Fertigstellungsgrad

5.5   Testplanung

Der Testplan regelt alle wesentlichen Testaktivitäten, die zur Planung und Umsetzung der Testaufgaben notwendig sind. Hierunter fallen insbesondere die Zeit - sowie Kapazitätsplanung.

5.5.1   Generischer Testplan

Bei der initialen Erstellung wird zunächst ein grober Zeitplan der Testaktivitäten angelegt. Wegen der zwangsläufigen Dynamik von Zeitplanungen dient dieser

Grobplan allerdings als Startpunkt für eine regelmäßig zu aktualisierende Detail-
planung aller Aktivitäten. Je nach Größe und Umfang des Projektes kann die Testplanung in Excel oder Project erstellt werden. Die aufzuführenden Planungspunkte lassen sich nach folgendem Muster zusammenfassen:

1. fachliche und technische Testvorbereitungen
2. technische Testdurchführung
3. fachliche Testdurchführung
4. Abschluss des Tests

Daraus ergibt sich ein generischer Testplan, der in den folgenden Abbildungen als
Projektplan dargestellt ist.

Nr.	ⓘ	Vorgangsname	Dauer	Anfang	Ende	Ressourcennamen
1		Systemtest	95 Tage	Mi 01.06.11	Di 11.10.11	
2		fachliche Vorbereitungen	26 Tage	Fr 01.07.11	Fr 05.08.11	
3		Erstellung Testkonzept	25 Tage	Fr 01.07.11	Do 04.08.11	
4	▦	Testteamübergreifend	25 Tage	Fr 01.07.11	Do 04.08.11	Testmanagement
5		Definition Testfälle	19 Tage	Mo 11.07.11	Do 04.08.11	
6	▦	Testobjekt HGB	19 Tage	Mo 11.07.11	Do 04.08.11	Testteam 1
7	▦	Testobjekt Meldungen	19 Tage	Mo 11.07.11	Do 04.08.11	Testteam 2
8	▦	Testobjekt ...	19 Tage	Mo 11.07.11	Do 04.08.11	...
9		Abstimmung und Bereitstellung Testdaten	10 Tage	Mo 25.07.11	Fr 05.08.11	
10	▦	Testobjekt HGB	10 Tage	Mo 25.07.11	Fr 05.08.11	Testteam 1, Testmanagement
11	▦	Testobjekt Meldungen	10 Tage	Mo 25.07.11	Fr 05.08.11	Testteam 2, Testmanagement
12	▦	Testobjekt ...	10 Tage	Mo 25.07.11	Fr 05.08.11	...
13		technische Vorbereitungen	53 Tage	Mi 01.06.11	Fr 12.08.11	
14		Organisation Testräume	30 Tage	Mo 04.07.11	Fr 12.08.11	
15	▦	Testrechner mit korrekter SW-Versionen	30 Tage	Mo 04.07.11	Fr 12.08.11	Team Infrastruktur
16	▦	Firewall	30 Tage	Mo 04.07.11	Fr 12.08.11	Team Infrastruktur
17	▦	Testuser-Berechtigungen	30 Tage	Mo 04.07.11	Fr 12.08.11	Team Infrastruktur
18		Bereitstellung Testumgebung (TU)	52 Tage	Mi 01.06.11	Do 11.08.11	
19	▦	Aufbau TU Vorsysteme	50 Tage	Mi 01.06.11	Di 09.08.11	Team Infrastruktur
20	▦	Aufbau TU SAP BW und SAP BA	50 Tage	Mi 01.06.11	Di 09.08.11	Team Infrastruktur
21	▦	Schnittstellen	50 Tage	Mi 01.06.11	Di 09.08.11	Team Infrastruktur
22	▦	Transporte	50 Tage	Mi 01.06.11	Di 09.08.11	Team Infrastruktur
23		Systemsicherungen Testumgebungen	2 Tage	Mi 10.08.11	Do 11.08.11	Team Infrastruktur

Abbildung 5-13:   Generischer Testplan

24		technische Testdurchführung	38 Tage	Fr 12.08.11	Di 04.10.11	
25		Vorsysteme	4 Tage	Fr 12.08.11	Mi 17.08.11	
26		Eingabe der Testdaten per Stichtag xx.xx.2011	2 Tage	Fr 12.08.11	Mo 15.08.11	Team Vorsysteme
27		Batchverarbeitung per Stichtag xx.xx.2011	2 Tage	Di 16.08.11	Mi 17.08.11	Team Vorsysteme
28		Bereitstellung der Daten an SAP	1 Tag	Mi 17.08.11	Mi 17.08.11	Team Vorsysteme
29		SAP BW / SAP BA	6 Tage	Mi 17.08.11	Mi 24.08.11	
30		Extraktion der Daten aus Vorsystemen	1 Tag	Mi 17.08.11	Mi 17.08.11	Team SAP BW
31		Beladung / Verarbeitung im BW	2 Tage	Do 18.08.11	Fr 19.08.11	Team SAP BW
32		Kontrolle der Prüfprogramme (Integrities)	2 Tage	Fr 19.08.11	Mo 22.08.11	Team SAP BW
33		Übergabe der Daten an SAP Bank Analyzer	1 Tag	Mo 22.08.11	Mo 22.08.11	Team SAP BW
34		Verarbeitung im BA	2 Tage	Mo 22.08.11	Di 23.08.11	Team SAP BA
35		Ubergabe der Daten an Fachabteilungen	1 Tag	Mi 24.08.11	Mi 24.08.11	Team SAP BA
36		technische Systembetreuung inkl. Performance	38 Tage	Fr 12.08.11	Di 04.10.11	
37		technische Systembetreuung inkl. Performance	38 Tage	Fr 12.08.11	Di 04.10.11	Team Infrastruktur

Abbildung 5-14:   Planung technische Testdurchführung

38		fachliche Testdurchführung	30 Tage	Mi 24.08.11	Di 04.10.11	
39		Testteam 1	30 Tage	Mi 24.08.11	Di 04.10.11	
40		Prüfung Testobjekt HGB	30 Tage	Mi 24.08.11	Di 04.10.11	Testteam 1
41		Prüfung Testobjekt n	30 Tage	Mi 24.08.11	Di 04.10.11	Testteam 1
42		Testteam 2	30 Tage	Mi 24.08.11	Di 04.10.11	
43		Prüfung Testobjekt Meldungen	30 Tage	Mi 24.08.11	Di 04.10.11	Testteam 2
44		Prüfung Testobjekt n	30 Tage	Mi 24.08.11	Di 04.10.11	Testteam 2
45		Abschluss Systemtest	5 Tage	Mi 05.10.11	Di 11.10.11	
46		Abnahme	5 Tage	Mi 05.10.11	Di 11.10.11	
47		Abnahme des Systemtests	1 Tag	Mi 05.10.11	Mi 05.10.11	Testmanagement
48		QS und Sicherung der Testdokumentation	5 Tage	Mi 05.10.11	Di 11.10.11	Testmanagement
49		Systemsicherungen	1 Tag	Do 06.10.11	Do 06.10.11	
50		Systemsicherung Vorsysteme	1 Tag	Do 06.10.11	Do 06.10.11	Team Infrastruktur
51		Systemsicherung SAP BW / SAP BA	1 Tag	Do 06.10.11	Do 06.10.11	Team Infrastruktur

Abbildung 5-15:   Planung fachliche Testdurchführung und Abschluss

5.5.2   Planungsvolatilität

Die Detailtiefe (Aggregation der einzelnen Testaktivitäten) der Planungspunkte sollte so gewählt werden, dass mit Prüfung des Testplans auch eine realistische Kontrolle, Steuerung und Nachvollziehbarkeit der Aktivitäten möglich ist. Daher ist es in der Praxis üblich, einen wie eben dargestellten "Mastertestplan" um weitere, auf einzelne Themenschwerpunkte spezialisierte Zeitpläne, zu ergänzen. Dies soll in einem kleinen Beispiel am Planungspunkt "fachliche Testdurchführung" verdeutlicht werden.

Beispiel:

Mit der Bildung von Testteams ist unbedingt die Ressourcenverfügbarkeit der Tester in jeder Teststufe sicherzustellen, d.h.

– wann sind die jeweiligen Testobjekte zu testen und steht der jeweilige Tester in dieser Zeit zur Verfügung und

- mit welchem Aufwand in Personentagen wird gerechnet und kann der Tester diesen auch leisten?

Hier spielen also mehrere Faktoren eine Rolle, die es zu berücksichtigen gilt:

- Die Ermittlung des Zeitraums aus unserem Mastertestplan, ab welchem Zeitpunkt die fachliche Prüfung des jeweiligen Testobjektes erfolgen kann.
- Die Ermittlung des Testaufwands je Tester. Dieser ergibt sich aus der Addition der – während der Testfallerstellung – geschätzten Planaufwände je Testfall.

Der Tester D. Vivenzio ist dem Testteam 1 zugeordnet und soll laut Mastertestplan das Testobjekt "HGB" ab dem 24.08.2011 prüfen. Während der Testfalldefinition hat Herr Vivenzio 60 Testfälle erstellt, für die er pro Testfall jeweils 4 Stunden benötigt. Somit beträgt der geschätzte Testaufwand für Herrn Vivenzio 30 Arbeitstage. Vergleichen wir nun diesen Aufwand mit den Einträgen in unserem Masterplan, sieht alles gut aus. Der Testzeitraum für das Testobjekt "HGB" beträgt ebenfalls 30 Tage. Da aber unser Testmanager schon mehr als 1 Testprojekt geleitet hat, trifft er sich nochmals mit Herrn Vivenzio, um dessen Verfügbarkeit zu verifizieren. Das Ergebnis lautet wie folgt:

Herr Vivenzio ist neben seiner täglichen Arbeit bereits in 2 weiteren Projekten gebunden. Daher wurde er für das aktuelle Testprojekt lediglich zu 50% freigestellt.

Am 24. und 25.08.2011 ist er auf einer Fortbildung bei SAP.

In der ersten Septemberwoche nimmt er seinen - bereits zweimal aus wichtigen betrieblichen Gründen verschobenen - einwöchigen Urlaub.

Durch das wöchentliche Abteilungsmeeting und nicht zu vergessen das ebenfalls wöchentliche Test-Jour Fixe sind ebenfalls 4 Stunden pro Woche zu berücksichtigen

Dieses simple Beispiel verdeutlicht zum einen, dass allein für die Ressourcenverfügbarkeit der Tester eine separate und sehr detaillierte Planung erforderlich ist und zum anderen trägt es zum besseren Verständnis bei, welche Folgen es nach sich zieht, wenn Verzögerungen im Test entstehen.

6 Testdokumentation

6.1 Nutzung von Standards

Die Richtlinie IEEE 829[12] „Standard for Software Test Documentation" wurde nach der Spezifikation 1982 im Folgejahr 1983 herausgegeben und 1991 in einer überarbeiteten Version veröffentlicht und definiert Inhalt und Format von acht grundlegenden Dokumenten, die den gesamten Testprozess abdecken. Dieser Standard wurde auch von ANSI (American National Standards Institute) übernommen. Die letzte Überarbeitung der IEEE 829 erfolgte 2008 (was aber von uns in diesem Kapitel nicht berücksichtigt wurde, da wir bisher mit der vorhergehenden Version gearbeitet haben).

Der Standard definiert den Zweck (Purpose), Aufbau und Inhalt (Outline) jedes der grundlegenden Dokumente. Diese decken die Bereiche Testplanung, Testspezifikation und Testreporting ab und sind sowohl für die Dokumentation in der Entwicklungsphase einer Software als auch für das Testen von nachfolgenden Softwareversionen geeignet.

Bei den acht Dokumenten handelt es sich um:

1. Testplan   (Test Plan)
2. Spezifikation des Testdesigns   (Test Design Specification)
3. Testfallbeschreibung   (Test Case Specification)
4. Spezifikation des Testablaufs   (Test Procedure Specification)
5. Konfigurationsbericht des Testobjekts   (Test Item Transmittal Report)
6. Testbericht   (Test Log)
7. Fehlerbericht   (Test Incident Report)
8. Abschlussbericht   (Test Summary Report)

Die Richtlinie "829 IEEE Standard for Software Test Documentation" ist universell bei allen Arten von Software in allen Stadien der Softwareentwicklung einsetzbar. Sie ist unabhängig von der jeweils gewählten Testmethode und somit z.B. im Rahmen eines "White Box Test" oder eines "Black Box Test" gleichermaßen nützlich. Auch die performanceorientierten Ausprägungen eines "Black Box Test" wie

---

12 Die Definition IEEE 829 ist ein veröffentlichter Standard, der einen Satz von 8 Basis Dokumenten zur Dokumentation von Software-Tests beschreibt

z.B. ein "Volume Test" oder ein "Stress Test" profitieren von dieser standardisierten Vorgehensweise.

Die Bedeutung der Richtlinie "829 ANSI/IEEE Standard for Software Test Documentation" wird offenbar, wenn man bedenkt, dass sich auch der ISO-9000 Standard auf ANSI Standards als Basis für die Testdokumentation bezieht und die meisten Zertifizierungsprozesse zumindest die Verwendung eines Teils dieser Dokumente fordern.

6.2   Der Testplan

Ziel und Zweck (Purpose) der Softwareentwicklung ist die Umsetzung der betrieblichen Anforderungen in ein ausführbares Produkt. Die Teststrategie ist kein Selbstzweck, sondern ordnet sich dem gleichen Ziel unter. Die Strategie beim Testen findet ihren Niederschlag in einem Testplan, der für jedes Projekt gesondert zu erstellen ist.

Die wesentliche Informationsquelle zur Erstellung dieses Plans ist das Lastenheft der Software. Es kommt im Wesentlichen darauf an, die dort niedergelegten Forderungen in Testszenarien für die Software umzusetzen. Der Testplan bezieht sich als übergeordnetes Dokument auf die Systemebene und betrachtet daher die Komponenten und Subsysteme als Ganzes.

Sollte ein Pflichtenheft nicht vorhanden sein, so können diverse andere Dokumente als Basis für die Funktionalitätsbeschreibung dienen, z.B. Entwicklungsdokumentation, Anwenderhandbuch, usw.

Die prinzipiellen Anforderungen an den Testplan als fundamentales Dokument der Richtlinie 829 sind Korrektheit, Konsistenz, Vollständigkeit und Klarheit (Correct, Consistent, Complete, Clear).

Der Testplan beschreibt das Ziel, die Teststrategie, die benötigten Ressourcen und den geplanten Ablauf der Testaktivitäten. Er benennt die Testobjekte, die zu testenden Funktionalitäten, die abzuarbeitenden Testaufgaben und die Zuordnung von Verantwortlichkeiten. Außerdem beinhaltet der Testplan eine Risikoabschätzung.

Der Testplan nach IEEE 829 gibt folgende Struktur (Test Plan Outline) vor:

1. Test Plan ID   (Test Plan Identifier)
2. Einführung und Referenzen   (Introduction/References)
3. Testobjekte   (Test Items)
4. Zu testende Funktionalitäten   (Features to be Tested)
5. Nicht zu testende Funktionalitäten   (Features not to be Tested)
6. Teststrategie   (Approach)

7. Prüfkriterien der Testobjekte   (Item Pass/Fail Criteria)
8. Abbruch und Wiederaufnahmekriterien (Suspension/Resumption Criteria)
9. Verfügbare Testdokumente   (Test Deliverables)
10. Testaufgaben   (Testing Tasks)
11. Ressourcenanforderungen   (Environmental Needs)
12. Verantwortlichkeiten   (Responsibilities)
13. Personal und Schulungsbedarf   (Staffing and Training Needs)
14. Zeitplan   (Schedule)
15. Risikoabschätzung und Möglichkeiten   (Risks and Contingencies
16. Freigabe (Bestätigungen)   (Approvals)

Die Reihenfolge dieser Punkte sollte eingehalten werden. Falls zusätzliche Themen in den Testplan aufgenommen werden, so sollten sie vor Punkt 16 (Bestätigungen) eingefügt werden.

Falls ein Abschnitt des Testplans oder Teile davon in anderen Dokumenten vorliegen, so ist darauf zu referenzieren. Die Dokumente, auf die hierbei verwiesen wird, müssen dem Testplan als Anlage beigefügt werden oder den Nutzern des Plans zugänglich sein.

6.2.1 Test Plan ID

Dem Testplan wird eine eindeutige ID zugewiesen.

6.2.2 Einführung und Referenzen

In der Einführung werden zunächst das Projekt mit seinen Testobjekten und den entsprechenden Funktionalitäten zusammenfassend und im Überblick vorgestellt. Projektziel, -hintergrund und -geltungsbereich werden erläutert. Nach Bedarf werden die Bedeutung der Testobjekte und ihre Historie einbezogen. Der Zeitrahmen für das gesamte Projekt wird hier festgeschrieben.

Danach werden eventuelle Verweise und Abhängigkeiten in Bezug auf andere Dokumente benannt. Im Fall einer komplexen Testplanung auf mehreren Ebenen referenziert jeder der zusammengehörigen Testpläne auf den Plan in der nächst höheren Ebene. Im "Master Test Plan", dem Plan auf der höchsten Ebene, wird auf folgende Dokumente referenziert:

– Projektautorisierung
– Projektplan
– Plan zur Qualitätssicherung
– Planung des Konfigurationsmanagements
– Projektregelwerk
– Standards mit Projektrelevanz

Der "Master Test Plan" enthält in der Einführung eine Darstellung der verschiedenen Ebenen mit den zugehörigen Testplänen und erklärt deren Beziehung zueinander.

6.2.3   Testobjekte

Testobjekte sind die zu testenden Programme oder Programmteile. Die Testobjekte ergeben sich aus der Aufteilung der Anwendung in funktionale Teilbereiche. Diese können, müssen jedoch nicht der Modul-, Komponenten- oder Subsystemebene der Anwendung entsprechen. Vorgabe ist lediglich, dass die Teilbereiche eigenständig testbar sind. Sie enthalten daher in der Regel in sich abgeschlossene Funktionen.

Dieser Abschnitt benennt in Listenform alle zu diesem Testplan zugehörigen Testobjekte mit Angabe der jeweils vorhandenen Versions-, Release- und Revisionsnummer.

Zusätzlich können historienspezifische Angaben erfolgen.

Als weitere Angabe sind eventuelle Ressourcenanforderungen für das jeweilige Testobjekt hinzuzufügen. Dies können z.B. das Übertragungsmedium, spezifische Hardwareanforderungen oder Prozeduren zur Bereitstellung der Programme sein.

Programmspezifisch soll auf eventuell vorhandene Dokumentationen zum Testobjekt verwiesen werden:

– Spezifikation der Anforderungen und Designspezifikation
– Anwender-, Betriebs- und Installationshandbuch

Falls zu dem Testobjekt bereits Vorfälle erfasst wurden, die einer weiteren Untersuchung bedürfen, ist auf den entsprechenden Report zum Testvorfall zu referenzieren.

Testobjekte, die definitiv vom Test ausgeschlossen werden sollen, können an dieser Stelle benannt werden.

6.2.4   Zu testende Funktionalitäten

Funktionen sind erwartete Eigenschaften, der zu testenden Programme und Funktionalitäten und resultieren aus der Kombination von Funktionen. Dieser Abschnitt benennt in Listenform alle zu diesem Testplan zugehörigen und daher zu testenden Softwareeigenschaften, -funktionen und -anforderungen.

6.2.5   Nicht zu testende Funktionalitäten

Diese Sektion des Testplans listet alle zu diesem Testplan nicht zugehörigen und daher nicht zu testenden Softwareeigenschaften, -funktionen und -anforderungen unter Nennung der Gründe für deren Nichtbeachtung. Ein Grund könnte z.B. sein, dass die Verantwortung für eine bestimmte Funktionalität bei einem anderen Projekt liegt und die für den Test notwendige Datenbasis nur dem entsprechenden Team vorliegt.

6.2.6 Teststrategie

In diesem Bereich des Testplans wird zunächst eine Übersicht zur projektübergreifenden Teststrategie (Testansatz) gegeben und dann Gruppen von testbezogen ähnlichen Funktionen die adäquate Teststrategie zugewiesen. Die wichtigsten Testaktivitäten und -techniken werden in diesem Zusammenhang erläutert und eventuell zu nutzende Tools im Detail beschrieben, sodass aus diesen Angaben auf den Zeitbedarf geschlossen werden kann.

Die Teststrategie beschreibt die verschiedenen Ebenen (Level) des Testgeschehens. Diese können z.B. Modul-, Subsystem-, System-, Integrations- und Acceptance-Testabläufe sein.

Beispiel für eine Teststrategie

Ziel ist es, in dem engen Zeitfenster vom Februar bis August alle notwendigen Tests erfolgreich durchzuführen und die Projektlösung „bereit zur Abnahme" zu stellen.

Die Grundstrategie lautet:

– Technische Tests: Jobnetz technisch, Performance der Beladung (Migration, SAP BW), Performance des Gesamtsystems (TEV/TAV[13]), Migration, Durchführung der Produktivsetzung (Generalprobe)
– Tests von Querschnittsthemen: Bestandstests für Meldewesen, Rechnungswesen, Korrespondenz, SAP BW betriebswirtschaftlich usw.
– Prozessuale Tests: Tests der überarbeiteten OHB-Prozesse sowie von noch zu definierenden Kernprozessen der Bank

Um im engen zeitlichen Fenster alle relevanten Tests durchzuführen, werden parallel folgende Testsystemstränge bereitgestellt:

– Q-Schiene: für Prozess- und Bestandstests sowie Jahresabschlsstests und Nachweis der Mengengeschäftstauglichkeit (ohne Jobnetz)
– T-Schiene: für Tests der Kernprozesse (inkl. Jobnetz)
– R-Schiene: für Performancetests

---

13 TEV/TAV = Tagesendeverarbeitung/Tagesanfangsverarbeitung => darunter wird die Batchverarbeitung verstanden, die sozusagen nach Feierabend die am Arbeitstag durch die ganzen Mitarbeiter durchgeführten Eingaben im System verarbeitet.

Ein SAP Systemstrang beinhaltet dabei:

– ein SAP System mit SAP CML, SAP FI, SAP CO, SAP SD sowie SAP FS BP
– ein SAP BW System (falls notwendig) und
– die für die jeweiligen Tests notwendigen Drittsysteme

Unter Prozesstests werden in diesem Kontext geschäftsprozessbasierte Tests verstanden. Dies ist ein Testverfahren, bei dem das Testdesign und die Testdurchführung auf Beschreibungen oder der Kenntnis von (bereits bestehenden bzw. neu zu implementierenden) unternehmenswichtigen Geschäftsprozessen der Bank basieren. Diese Tests zeigen auf wie effizient ein ausgewählter Geschäftsprozess funktioniert und ermöglichen die Analyse, wo noch Optimierungspotential besteht. Um dies zu gewährleisten müssen solche Prozesstests auch End-to-End durchgeführt werden.

Im Anschluss daran erfolgt die Zuordnung der Rollen zu diesen Ebenen und die Festlegung der Regeln, die den Übergang von der einen zur nächsten Ebene bestimmen. So sind vor allem vor Einstieg in die System- und Integrationsebene klare Kriterien gefragt. Dies könnte z.B. die Vorschrift sein, dass vor Beginn des Systemtests alle kritischen Fehler auf den darunter liegenden Ebenen behoben sein müssen oder bestimmte Zeitabstände zu anderen Testaktivitäten einzuhalten sind. Andererseits ist anzugeben, welche Testabläufe parallel durchgeführt werden können. Eine weitere Festlegung erfolgt an dieser Stelle durch Zuweisung der Tools zum Einsatz beim Testen auf bestimmten Ebenen.

Für den Testansatz wird bestimmt, wie umfassend er angelegt wird und mit welchen Techniken eine Beurteilung der Vollständigkeit und aller sonstigen für die Erfüllung des Testauftrags benötigten Kriterien erfolgt. Die Techniken zur Verfolgung der sich im Verlauf des Testgeschehens wandelnden Anforderungen werden an dieser Stelle ebenfalls festgelegt.

Die wichtigen limitierenden Voraussetzungen des Testgeschehens werden festgehalten. Dies sind z.B. die Verfügbarkeit des Testobjekts und der benötigten Ressourcen, das Vorliegen benötigter Dokumente und eventuell unveränderliche Zeitlimits (Deadlines).

Abhängigkeiten vom Konfigurationsmanagement und dem Change Control Verfahren werden erläutert. So kann z.B. festgelegt werden, dass Änderungen, Verbesserungen und sonstige Modifikationsanforderungen in diese Projektabläufe einfließen müssen.

Der Testansatz berücksichtigt auch die feste Einrichtung bestimmter Meetings mit Benennung der betroffenen Rollen zur Überwachung und Steuerung des Testgeschehens und zur Früherkennung von Fehlertrends und Problemen. Bei Bedarf werden Regeln für die Einberufung außerordentlicher Meetings erstellt.

Ein eigener Abschnitt des Testansatzes definiert Regeln für die Form, Häufigkeit (einmalig, periodisch oder kontinuierlich), Granularität und Tiefe der Erfassung wichtiger Parameter und konstituiert damit ein projektspezifisches Bemessungssystem (Measures and Metrics). Diese Regeln können projektübergreifend gelten, sind jedoch bei Abweichungen in einzelnen Testphasen für diese gesondert zu dokumentieren. Beispiele für Bemessungsparameter sind:

- Anzahl der Zurückweisungen und abhängig davon Anzahl der Testdurchläufe
- Zeitaufwand zur Fehlereingrenzung und -analyse bezogen auf die Fehlerklasse, oder im Fall von kritischen Fehlern auf den einzelnen Vorfall
- Anzahl der Fehlervorfälle auf höheren Ebenen, die schon zuvor auf niedrigeren Ebenen hätten gefunden werden müssen

Diese Informationen können für die Erstellung und weitere Pflege von Fehlerübersichten zur einfachen und schnellen Erfassung der Korrelation von z.B. Software Item, Anzahl der Fehler nach Schweregrad und Fehlerursprung genutzt werden.

Weitere Aspekte des Testansatzes sind die Beschreibung des Datenflusses und die Vermittlung der Testphilosophie.

6.2.7 Prüfkriterien der Testobjekte

Die Prüfkriterien bestimmen, ob ein Test bestanden oder verfehlt wird. In Listenform finden sich in diesem Abschnitt die Kriterien (acceptance criteria) zur Beurteilung der Testergebnisse (Output) mit Angabe der Toleranzen.

6.2.8 Abbruch- und Wiederaufnahmekriterien

Die Festlegung der Kriterien zum Abbruch eines Tests oder eines Teilbereichs der Testaktivitäten wird an dieser Stelle für die Testobjekte dieses Testplans getroffen.

Außerdem wird bestimmt, ob und unter welchen Umständen ein Test vom Startpunkt oder von einem Zwischenpunkt aus abgearbeitet werden muss, um zu einem erfolgreichen Abschluss zu gelangen. Dies ist bei einer Wiederaufnahme des Tests nach einem Abbruch für die Festlegung des Wiederaufsetzpunktes erforderlich. Die Festlegung von Zwischenpunkten als "Check Points" ist auch bei langen und umfangreichen Tests zur Vereinfachung und zur Schaffung übersichtlicher Testabläufe von Bedeutung.

6.2.9 Verfügbare Testdokumente

Die im Rahmen des Testgeschehens benötigten und zu erstellenden Dokumente werden benannt. Dabei handelt es sich zum einen um die Daten, die als immaterielles Produkt oder z.B. auch,ein Dokument darstellen und dokumentiert und archiviert werden müssen:

– Eingabedaten	(Test Input Data)
– Ergebnisdaten	(Test Output Data)
– erstellte und zu testende Software	(Test Item/Software Item)
– einzusetzende Hilfsprogramme/Tools	(Test Tools)

Als Eingabedaten dienen in einem Testszenario üblicherweise keine Produktivdaten, sondern eigens erstellte Testdaten. Diese müssen depersonalisiert sein, strukturell jedoch den Produktivdaten entsprechen, d.h. der Software gegenüber verarbeitungsgleich sein.

Ergebnisdaten sind die Daten, die ein Programm aufgrund der erfolgten Eingabe zurückliefert. Dies kann eine Zustandsänderung, ein einzelner Wert oder ein komplexer Datensatz sein.

Zur Ökonomisierung der Testaktivitäten kommen z.B. bei einem Stress Test Hilfsprogramme zum Einsatz, die als Tools bezeichnet werden. Sie sind analog zur materiellen Produktion das Werkzeug des Testers, kommen fallweise zum Einsatz und sind ebenfalls Softwareprodukte, die ihrerseits einer Qualitätssicherung unterliegen. Ihre Eignung und Fehlerfreiheit muss getestet werden oder durch ein Zertifikat nachgewiesen sein. Eine Abschätzung des Toolverhaltens ist hilfreich, da ein Tool eine eigene Dynamik in den Testablauf einbringt und Ressourcen des gleichen Systems verbraucht, auf dem die zu testende Software abgearbeitet wird. Dies ist jedoch nicht Gegenstand der hier beschriebenen Dokumente.

Zum anderen handelt es sich um die zu erstellende Dokumentationen der Regeln und der Ergebnisse der Testaktivitäten:

– Spezifikation des Testdesigns	(Test Design Specification)
– Testfallbeschreibung	(Test Case Specification)
– Spezifikation des Testablaufs	(Test Procedure Specification)
– Konfigurationsbericht des Testobjekts	(Test Item Transmittal Report)
– Testbericht	(Test Log)
– Fehlerbericht	(Test Incident Report)
– Abschlussbericht	(Test Summary Report)

6.2.10 Testaufgaben

Die Testaufgaben lassen sich in zwei Gruppen unterteilen:

– die notwendigen funktionellen und administrativen Aufgaben für die Vorbereitung der Tests
– die Aufgaben in der Durchführung der Tests

Es wird eine strukturierte Auflistung aller projektspezifischen Testaufgaben erstellt, die einen Verantwortlichen oder die verantwortliche Rolle benennt und den Status angibt.

Außerdem weist dieser Abschnitt die Abhängigkeiten der Aufgaben untereinander aus und benennt den erforderlichen aufgabenspezifischen Ausbildungsstand (Skill Level) der betroffenen Rollen. Die Festlegung der Skills ist Grundlage der Ausarbeitung des Abschnitts "Personal und Schulungsbedarf".

6.2.11 Ressourcenanforderungen

Die Anforderungen an die Testumgebung umfassen alle Aspekte, außer den im Abschnitt "Personal und Schulungsbedarf" dokumentierten "Human Resources" und beschreiben die gewünschten und als Untermenge die unabdingbaren Merkmale der Testumgebung.

Die räumlichen Anforderungen benennen nicht nur die benötigte Fläche an Büro- und Rechnerraum, sondern auch die raumgebundenen Ressourcen. Dies sind:

– Sicherheits- und Zugangskontrollanforderungen
– Klimaleistung und Stromversorgung
– Versorgung mit Telefon und Fax
– LAN-, WAN- und spezielle Kommunikationsanschlüsse

Die Hardwareanforderungen umfassen die detaillierte Aufstellung aller Rechner und sonstiger Gerätschaften mit technischer Dokumentation und Handbüchern. Sie werden durch die Dokumentation der eingesetzten Betriebssysteme ergänzt. Dazu gehören Patches, Updates, Service Packs, Treiber und systemnahe Programme, die nicht der Applikation zuzurechnen sind.

Eventuell benötigtes Zubehör und Peripheriegeräte wie z.B. Eingabekomponenten (Seitenscanner, Bar Code Scanner, Fingerprint Sensor, etc.), Speichersysteme und Backupkomponenten sind so zu beschreiben, dass diese Informationen als Beschaffungsgrundlage dienen können und ihre Bedeutung für die Applikation verständlich wird.

Eine weitere Ressource sind die Tools, d.h. die einzusetzenden Hilfsprogramme zur Vereinfachung, Beschleunigung oder qualitativen Verbesserung der Testabläufe.

Die Testdatensätze zur Eingabe sind bezüglich ihrer Form, Struktur und Syntax zu bestimmen und ihre Inhalte festzulegen.

Die zu testenden Softwareeinheiten wie Module, Programme, Subsysteme oder Systeme werden mit Versions- und Releaseangaben aufgelistet.

6.2.12 Verantwortlichkeiten

Diese Sektion legt fest, welche Person oder Rolle für welche Aktivität im Rahmen des Testgeschehens verantwortlich ist. Dies betrifft vor allem die in Abschnitt 6.2.10 beschriebenen Testaufgaben. Besonders hervorgehoben werden sollten die

Verantwortlichkeiten für die Ausarbeitung und Festlegung der Testobjekte und die Beschaffung der im Rahmen des Testgeschehens benötigten Ressourcen.

Verantwortliche können die Mitglieder einer Gruppe, die aufgrund ihrer Funktionalität im Projekt als Rolle bezeichnet wird, eines Teams als Untereinheit einer Gruppe oder einzelne Personen, wie der Projektmanager oder der Testmanager sein. Sie rekrutieren sich aus verschiedenen Bereichen und können z.B. Hardwaretechniker, Entwickler, Programmierer, Testspezialisten, Anwender oder Kunden sein.

Aktivitäten betreffen Tätigkeitsbereiche wie das Management, die Planung, das Design, die Vorbereitung, die Annahme, die Ausführung, die Testierung, das Prüfen, die Lösungsentwicklung, die Reviews, die Abnahme und die Dokumentation.

6.2.13   Personal und Schulungsbedarf

Die Bedarfsanforderung für das in allen Testphasen benötigte Personal muss quantitativ und qualitativ ausformuliert sein. Es ist hilfreich, den erforderlichen Ausbildungsstand (Skill Level) in Form von rollenspezifischen Anforderungsprofilen sehr frühzeitig zu hinterlegen.

Die Differenzanalyse zum tatsächlichen Ausbildungsstand der für die Aufgaben vorgesehenen, namentlich benannten Personen ergibt den Schulungsbedarf. Diese Inhalte ergeben den Schulungsstoff und sind rollenspezifisch in Kurse umzusetzen. Die übliche Unterteilung in eine frühe Phase der Schulung als Eigenstudium mit Hilfe von CBT[14] und die Phase der intensiven Präsenzschulungen bietet viele Vorteile. Davon unabhängig kann die frühzeitige Schulung von Key Usern diesen die Funktion von Multiplikatoren ermöglichen.

Die Planung der Schulungen setzt auf diesem Ergebnis auf, ist jedoch nicht Gegenstand dieses Dokumentes.

Da für die Tester, die sich meist aus dem Produktionsbetrieb des Kunden rekrutieren, üblicherweise keine vollen Projektstellen eingeplant sind und ihre Aufgaben in Freistellungszeiten von der Produktion erfüllt werden sollen, sind Abhängigkeiten gegeben, die in der Bedarfsanforderung für das Personal herausgestellt werden müssen.

---

14 Computer Based Training: Training auf Basis interaktiver Lern-CD's, die auf jedem handelsüblichen PC genutzt werden können

6.2.14   Zeitplan

Diese Sektion gibt eine Übersicht zu der zeitlichen Planung des Testgeschehens. Zur Strukturierung und zum besseren Verständnis des Zeitplans ist die Definition von Eckpunkten (Milestones) hilfreich. Unabdingbar ist die klare Benennung von unveränderbaren Zeitlimits im Plan (Deadlines). Eine weitere Angabe ist die Hervorhebung der eventuell vorhandenen kritischen Zeitpunkte, an denen ein Zurückgehen auf eine sichere Rückfallposition nicht mehr möglich ist (Point of no Return).

Der Zeitplan des Testgeschehens muss auf den Zeitplan des gesamten Projekts referenzieren, mit diesem eine Einheit bilden und in laufender Abstimmung weiter fortgeschrieben werden. Dies beinhaltet bei Bedarf auch die nachträgliche Definition von Milestones und ihren Einbau in den Zeitplan. Eine Integration in den Zeitplan des gesamten Projekts ist ebenfalls denkbar.

Der Zeitplan sollte nicht nur die Abbildung der Testaktivitäten auf den Zeitstrang, sondern auch die Zuordnung der jeweiligen Personalressourcen auf der Ebene von Rollen, Teams oder Personen beinhalten.

In seiner Feinausformung sollte der Zeitplan eine Übersicht zum geschätzten Zeitbedarf jeder einzelnen Testaktivität beinhalten und deren jeweilige Position im Zeitplan vermerkt sein.

Ebenso sollte eine Übersicht zum Einsatz- bzw. Bedarfszeitraum (d.h. Beginn der Nutzung und Dauer) jeder einzelnen Ressource erstellt werden.

6.2.15   Risikoabschätzung und Möglichkeiten

In diesem Abschnitt erfolgt eine Risikoabschätzung für die Umsetzung des Testplans. Es werden die mit hohem Risiko behafteten Annahmen benannt, die sich in dem Testplan finden.

Die Risikoabschätzung listet die möglichen Schwachpunkte auf und erläutert Möglichkeiten zu deren Behebung. Dies können absehbare Ressourcenengpässe wie z.B. die geringe Zahl der für eine Testaufgabe zur Verfügung stehender Mitarbeiter und die frühzeitige, da genehmigungspflichtige Einplanung von Sonderschichten oder die Umverteilung (Load Balance) der Aufgaben auf die im Projekt vorhandenen Rollen und Gruppen sein.

Es können bei Bedarf im Sinne einer Worst Case-Abschätzung Szenarien formuliert werden, die eine z.B. durch äußere Umstände erzwungene Änderung der Testabläufe vor Augen führen. Solchen tiefgreifenden und projektgefährdenden Ereignissen werden entsprechende Notfallpläne zum Abfangen des Projekts unter Berücksichtigung von Deadlines gegenüber gestellt.

6.2.16   Risiken und Funktionalitätshierarchie

Diese Erläuterung ergänzt das Verfahren zur Testplanerstellung nach IEEE 829 um eine praxisorientierte Anleitung zum Umgang mit den erkannten Risiken und zur Nutzung für die ökonomische Gestaltung des Testgeschehens.

Diese Ergänzung wird IEEE konform an dieser Stelle, d.h. nach den IEEE typischen Beschreibungen der Testplanstruktur und vor dem Abschnitt Freigabe eingefügt.

Das Definieren einer Funktionalitätshierarchie bedeutet die Gewichtung der Funktionalitäten, d.h. miteinander verknüpfter Funktionsbündel der Anwendung. Das Kriterium zur Gewichtung ist der erfolgreiche Ablauf der Anwendung, da das Maß aller Dinge bei der Produktentwicklung und daher folgerichtig auch bei der Organisation des Testgeschehens, der Kunde, d.h. der Anwender der Applikation mit seinen Geschäftsprozessen ist.

Es ist immer wieder hilfreich zur Fokussierung eines Projektes die Lieferanten-Kundenbeziehung herauszustellen, da dies vor allem dann gern vergessen wird, wenn der Kunde im eigenen Haus sitzt, d.h. der Anwender eine Abteilung des eigenen Unternehmens ist.

Einziger Sinn der Produktentwicklung aus Sicht des Kunden ist der erfolgreiche Support seiner Geschäftsprozesse durch die Anwendung. Ist dies nicht gegeben, kann er sich die meist erheblichen Aufwände der Produkteinführung, die oft weit über den eigentlichen Produktkosten liegen sparen und seine bislang erprobten Abläufe beibehalten.

Ein Risiko ist das Produkt aus einer Fehlerwahrscheinlichkeit und dem im Fehlerfall verursachten Schaden. Diese Parameter sind naturgemäß unscharf, d.h. es lässt sich mit vertretbarem Aufwand und einer akzeptablen Verlässlichkeit keine Zahl zuordnen. Hier ist die Erfahrung des Planers gefragt, der das Testgeschehen modelliert, um dennoch zu einer Gewichtung zu kommen. Das Ergebnis wird genutzt, um die Abdeckung und Testqualität für den Test der jeweiligen Funktionalitäten festzulegen. Dies bedeutet, dass der Testaufwand proportional dem Risiko bestimmt wird.

Beispiele für Bereiche, in denen sich risikoreiche Funktionalitäten finden, sind:

–   Funktionalitäten mit im Fehlerfall hoher negativer Außenwirkung
–   Anwendungsbereiche mit hohen Fehlerbehebungskosten
–   zentrale Funktionen, Basismodule mit ubiquitärer Nutzung
–   Funktionen mit hoher Nutzungshäufigkeit
–   Funktionen mit reicher Fehlerhistorie
–   Funktionen mit auffallender Änderungshistorie
–   Aufnahme neuer Funktionen in die Anwendung
–   komplexe und unübersichtliche Funktionen

Ziel der Bemühungen zur Ermittlung einer Funktionalitätshierarchie ist, wie eingangs definiert, die ökonomische Gestaltung des Testgeschehens, also der verantwortliche Umgang mit den begrenzten Ressourcen. So kann eine Straffung des Projekts erreicht werden und einer Verzettelung in den Tiefen des komplexen Testgeschehens entgegen gewirkt werden.

6.2.17 Freigabe

Der letzte Abschnitt des Testplans besteht aufgrund seiner Bedeutung als fundamentales Dokument aus einer datierten Freigabeerklärung, der alle Namen der verantwortlichen Personen auflistet und dabei Raum für ihre Unterschriften lässt.

Mit diesen Bestätigungen erkennen die Unterzeichner den Testplan als Richtlinie für das Projekt an und erklären seine Richtigkeit für Umfang, Form und Inhalt.

6.3 Spezifikation des Testdesigns

Die Spezifikation des Testdesigns legt die zu testenden Eigenschaften oder allgemeinen Funktionalitäten fest, detailliert den Testansatz, schlägt eine Vorgehensweise für die Erstellung von Testfällen vor und konstituiert die Abbruch- und Wiederaufnahmekriterien. Damit vermittelt die Spezifikation des Testdesigns die Testgrundlagen.

Es wird festgelegt welche Funktionalitäten getestet werden und in der Feinkonzeption, nach welcher Methode diese getestet werden. Gleichzeitig werden die verschiedenen Eingabe- und Solldaten beschrieben für die unterschiedlichen Ablaufszenarien (z.B. gültige und nicht-gültige Eingabedaten) eines Testfalles.

Die IEEE Richtlinie 829 schlägt dafür folgende Struktur vor:

- ID der Spezifikation des Testdesigns   (Test Design Specification Identifier)
- zu testende Eigenschaften   (Features to be tested)
- Feinkonzept des Testansatzes   (Approach Refinements)
- ID's und Kurzbeschreibung der Testfälle (Test Identification)
- Abbruch- und Wiederaufnahmekriterien (Feature Pass/Fail Criteria)

Zusätzliche Abschnitte sollten im Anschluss an diese Punkte angefügt werden.

Falls ein Abschnitt der Spezifikation des Testdesigns oder Teile davon in anderen Dokumenten vorliegen, so ist darauf zu referenzieren. Die Dokumente, auf die hierbei verwiesen wird, müssen der Spezifikation des Testdesigns als Anlage beigefügt werden oder den Nutzern der Spezifikation zugänglich sein.

6.4   Die Testfallbeschreibung

Die Testfallbeschreibung (Test Case Specification) bestimmt im Detail, was im jeweiligen Test zu untersuchen ist. Durch die feine Ausformulierung, d.h. hohe Granularität, kann das Ergebnis sehr umfangreich ausfallen und damit der Dokumentation der Softwareanforderungen im Lastenheft in der Ausprägung eines Feinkonzepts ähnlich sein.

Die Testfallbeschreibung stellt eine Ablaufbeschreibung eines Testfalles da wie dieser aus den Informationen und Zielsetzungen des Testdesigns hervorgeht.

Die Testfallbeschreibung identifiziert jeden einzelnen Testfall, beschreibt die Testobjekte, referenziert die zu testenden Funktionen, spezifiziert die Eingabe- und erwarteten Ergebnisdaten und erläutert die Abhängigkeiten zwischen Testfällen.

Die IEEE Richtlinie 829 schlägt für die Testfallbeschreibung folgende Struktur vor:

– ID der Testfallbeschreibung   (Test Case Specification Identifier)
– Testobjekte   (Test Items)
– Spezifikation der Eingabedaten   (Input Specification)
– Spezifikation der Ergebnisdaten   (Output Specification)
– Ressourcenanforderungen   (Environmental Needs)
– Besondere Prozessanforderungen   (Special Procedural Requirements)
– Abhängigkeiten zwischen Testfällen   (Intercase Dependencies)

Zusätzliche Abschnitte sollten im Anschluss an diese Punkte angefügt werden.

Falls ein Abschnitt der Testfallbeschreibung oder Teile davon in anderen Dokumenten vorliegen, so ist darauf zu referenzieren. Die Dokumente, auf die hierbei verwiesen wird, müssen der Testfallbeschreibung als Anlage beigefügt werden oder den betroffenen Nutzern zugänglich sein.

Wenn ein Testfall durch verschiedene Testdesignspezifikationen bedient wird, die von unterschiedlichen Gruppen über einen längeren Zeitraum genutzt werden, sind ausreichende Informationen zur Sicherstellung der Wiederverwendbarkeit in der Testfallbeschreibung zu hinterlegen.

6.5   Spezifikation des Testablaufs

Die Spezifikation des Testablaufs (Test Procedure Specification) ist das Dokument, das die Schritte beschreibt, in denen eine Reihe von Testfällen ausgeführt werden sollen, um gewisse, festgelegte Produktmerkmale zu testen.

Die IEEE Richtlinie 829 schlägt dafür folgende Struktur vor:

– ID der Spezifikation des Testablaufs   (Test Procedure Specification Identifier)
– Zweck der Testablaufdefinition   (Purpose)

– besondere Anforderungen   (Special Requirements)
– Phasen des Testablaufs   (Procedure Steps)

Zusätzliche Abschnitte sollten im Anschluss an diese Punkte angefügt werden.

Falls ein Abschnitt der Spezifikation des Testablaufs oder Teile davon in anderen Dokumenten vorliegen, so ist darauf zu referenzieren. Die Dokumente, auf die hierbei verwiesen wird, müssen der Spezifikation des Testablaufs als Anlage beigefügt werden oder den Nutzern der Spezifikation zugänglich sein.

6.6 Konfigurationsbericht des Testobjektes

Der Konfigurationsbericht des Testobjekts (Test Item Transmittal Report) listet alle Konfigurationsmerkmale auf, die dem jeweiligen Testfall zugeordnet werden.

Der Konfigurationsbericht des Testobjekts umfasst nicht nur die Information zur Übergabe des Objekts in den Test und zur entsprechenden personellen Verantwortlichkeit, sondern auch Angaben zum Ort der Speicherung, zum Namen, zur Version und zum aktuellen Status. Er benennt nicht nur die betroffenen Module und Prozeduren eines Programms, sondern auch die beteiligten Dateien, Datenbestände und weitere Datenmerkmale. Benötigte Treiber und alle Hilfsmittel werden ebenfalls zugeordnet.

Die IEEE Richtlinie 829 schlägt für den Konfigurationsbericht folgende Struktur vor:

– ID des Konfigurationsberichts   (Transmittal Report Identifier)
– Konfigurationsmerkmale   (Transmitted Items)
– Lokation auf dem Speichermedium   (Location)
– Status   (Status)
– Freigabe (Bestätigungen)   (Approvals)

Die Reihenfolge dieser Punkte sollte eingehalten werden. Falls zusätzliche Themen in den Konfigurationsbericht aufgenommen werden, so sollten sie vor dem letzten Punkt (Bestätigungen) eingefügt werden.

Falls ein Abschnitt des Konfigurationsberichts oder Teile davon in anderen Dokumenten vorliegen, so ist darauf zu referenzieren. Die Dokumente, auf die hierbei verwiesen wird, müssen dem Konfigurationsbericht als Anlage beigefügt werden oder den Nutzern des Berichts zugänglich sein.

6.7   Der Testbericht

Der Testbericht (Test Log) soll während des Testprozesses als Ergebnisbericht bzw. als Entscheidungsgrundlage für die Abnahmeentscheidung erstellt werden.

Des Weiteren kann der Bericht auch eine Zusammenfassung der Erfahrungen, Stärken und Schwächen, die während der Abnahme aufgetreten sind, bilden und somit Anregungen für Verbesserungsvorschläge bzgl. zukünftiger Abnahmen bieten. Im Rahmen eines kontinuierlichen Strebens nach Prozessverbesserung und Qualitätserhöhung ist das ein sehr wichtiger Aspekt.

Wichtig ist der Testbericht auch als zwischenzeitliche, periodische Momentaufnahme des Testprozesses. Beispielsweise auf wöchentlicher oder zweiwöchentlicher Basis.

Als Zwischenbericht erfüllt der Testbericht zwei Hauptaufgaben:

– Er zeigt eine Momentaufnahme des derzeitigen Standes im Testprozess
– Er ist ein Werkzeug zur Entscheidungshilfe für das Management, um den Projektablauf gemäß Planung so zu steuern, dass die ursprünglichen Planungsziele eingehalten werden

Der Testbericht zeichnet die Testfälle oder abgearbeiteten Transaktionen auf. Er hält die Testabdeckung, die Zwischen- und Endergebnisse eines Tests fest und dokumentiert damit Quantität, Qualität und Nutzen des jeweiligen Tests

Die IEEE Richtlinie 829 schlägt für den Testbericht folgende Struktur vor:

– ID des Testberichts   (Test Log Identifier)
– Informationsumfang   (Description)
– Aktivitäts- und Vorfallseinträge   (Activity and Event Entries)

Zusätzliche Abschnitte sollten im Anschluss an diese Punkte angefügt werden.

Falls ein Abschnitt des Testberichts oder Teile davon in anderen Dokumenten vorliegen, so ist darauf zu referenzieren. Die Dokumente, auf die hierbei verwiesen wird, müssen dem Testbericht als Anlage beigefügt werden oder den Nutzern des Berichts zugänglich sein.

Gesamtplanung der Testfälle

Hier werden alle Testfälle aufgeführt, sowie die Verteilung der Testfälle auf die unterschiedlichen Priorisierungen, als Grundlage der Fortschrittsüberwachung. Diese Informationen ergeben sich aus der Teststrategie und aus den Aufgaben im Testplan.

Auch werden Referenzdokumente (wenn vorhanden) zu den Testitems bzw. Testfällen beschrieben. Beispielsweise: Entwicklungsdokumente, Testfallentwurfsspezifikationen, Testplan, usw.

Aktueller Status zum Zeitpunkt X

Der hier genannte Status bezieht sich auf einen festgelegten Messpunkt aus dem gesamten Zeitintervall des Abnahmetests. Gemessen wird der Fortschritt des Projekts bis zu diesem Punkt.

Dieser Status dient der Fortschrittsüberwachung und unterstützt mögliche Entscheidungen bzgl. benötigter Ressourcen.

Beschrieben werden unterschiedliche Testabdeckungsgrade:

– Anzahl der durchlaufenen Testfälle im Vergleich zu den bis dato geplanten Testfällen (als absolute Zahl)
– Anzahl der durchlaufenen Testfälle geordnet nach Priorität zu den bis dato geplanten Testfälle
– Anzahl der noch zu durchlaufenden Testfälle bis zum nächsten Messpunkt

Ergebnisse:

– Abweichungen von der Planung?
– Gesetzte Meilensteine erreicht?
– Ist die Einhaltung der Planung bis zum nächsten Zwischenpunkt bei heutiger Situation realistisch?

Mögliche Entscheidungen bzw. Korrekturmaßnahmen, um die Planung einzuhalten?

– Mehr Ressourcen benötigt?
– Aufgaben verschieben bis zu einem nächsten Release?
– Höhere Testabdeckung möglich, weil schnellerer Fortschritt?

Die Fehleranalyse kann sich orientieren an:

– der aktuellen Situation
– der Entwicklung seit dem letzten Bericht
– der Entwicklung der Fehler bzw. der neuen oder der behobenen Fehlermeldungen

Das Konzept des Fehlermeldeformulars bietet diverse Auswertungsmöglichkeiten.

Einige Beispiele:

Neue Fehler:

– nach Anwendungsversion
– nach Testlauf
– nach Fehlerart
– nach Bearbeitungspriorität

Offene Fehler:

- pro Version bzw. Testlauf
- verteilt über die Entwickler
  - nach Bearbeitungspriorität
  - nach Fertigstellungsdatum
  - nach Alter
  - nach Kritikalität
  - nach Art der Fehler
  - nach Alter
  - nach Status

Geschlossene Fehler:

- nach Alter
- nach Version/Subversion
- nach Art der Fehler

Verhältnis offene/geschlossene Fehler:

- nach Zeit
- nach Version/Testlauf
- nach Fehlerart

Ergebnisse:

- Das Verhältnis der Anzahl offener Fehler zum Testabdeckungsgrad?
- Ist die Einhaltung der Planung bis zum nächsten Zwischenpunkt bei heutiger Situation realistisch?
- Sind auf Basis der Art der Fehler Schwächen in gewissen Thematiken festzustellen (z.B. Schnittstellenprogrammierung)?
- Ist die Fehlerfrequenz in gewissen Teilmodulen abweichend? (besonders gute oder schlechte Qualität bei der Herstellung gewisser Module)

Sind Entscheidungen bzw. Korrekturmaßnahmen erforderlich, um die Planung einhalten zu können?

- Werden mehr Ressourcen benötigt auf Grund der Anzahl offener Fehler bzw. gelöster Fehler? pro Zeiteinheit?
- Kann die Lösung von niedrig priorisierten Fehlern bis zum nächsten Release verschoben werden, falls die Projektdeadline in Gefahr kommt?
- Muss die Deadline nach hinten verschoben werden, weil nicht alle gemeldeten Fehler rechtzeitig gelöst werden können?
- Entspricht der jetzige Qualitätsgrad den vom Kunden gestellten Anforderungen? Ist eine Freigabe der Anwendung möglich?

6.8 Der Fehlerbericht

Der Fehlerbericht als "Vorfallsbericht" dokumentiert alle Vorfälle und damit alle Abweichungen von den erwarteten Ereignissen auf der Ebene des einzelnen Testfalles, die während eines Tests aufgetreten sind. Er dient als Basisinformation der Qualitätssicherung, der Analyse der Fehlerursachen (Defect Analysis) und der Fehlerbehebung (Error Correction). Der Bericht soll standardisiert werden. Dies kann leicht durch Vorgabe eines Formulars erfolgen.

Ein Fehlerbericht (Test Incident Report/synonym: Software Trouble Report, STR) muss die folgenden Informationen enthalten:

- die Angabe des Testfalls mit Zeitpunkt und Ergebnissen und der ID des Testers
- die treffende und umfangreiche Beschreibung des Fehlerbildes, sowie die Beschreibung des Soll-Ergebnisses
- eine detaillierte Beschreibung der begleitenden Umstände oder der Aktionen, die zum Auftreten des Fehlers geführt haben; d.h. eine schrittweise Auflistung der Anwendereingaben und der Systemresponsen bis zum Auftreten des Fehlers
- die Systemkonfiguration (evtl. die genaue Hardwarekonfiguration), bei der der Fehler aufgetreten ist
- eine Aussage über die Reproduzierbarkeit des Fehlers
- eine genaue Beschreibung des durch den Fehler verursachten Schadens
- die Einstufung in eine Fehlerklasse

Als "Vorfallsbericht" umfasst der Fehlerbericht alle Probleme, die während des Testens aufgetreten sind. Das heißt alle Besonderheiten im Ablauf des Programmes, die nicht dem erwarteten Verhalten entsprechen.

Die IEEE Richtlinie 829 schlägt für den Fehlerbericht folgende Struktur vor:

- ID des Fehlerberichts   (Test Incident Report Identifier)
- Zusammenfassung   (Summary)
- Fehlerbeschreibung   (Incident Description)
- Auswirkung   (Impact)

Zusätzliche Abschnitte sollten im Anschluss an diese Punkte angefügt werden.

Falls ein Abschnitt des Fehlerberichts oder Teile davon in anderen Dokumenten vorliegen, so ist darauf zu referenzieren. Die Dokumente, auf die hierbei verwiesen wird, müssen dem Fehlerbericht als Anlage beigefügt werden oder den Nutzern des Berichts zugänglich sein.

6.9   Der Abschlussbericht

Das letzte Dokument in der Abfolge des Testgeschehens ist der Abschlussbericht (Test Summary Report). Dieser Bericht fasst die Testergebnisse des Projekts zusammen und dokumentiert damit dessen Nutzen. Er dient dem Management als Beurteilungsgrundlage und erlaubt zudem die Ableitung einer Kosten-Nutzen Analyse.

Die IEEE Richtlinie 829 schlägt für Aufbau und Inhalt folgende Punkte vor:

- ID des Abschlußberichts   (Test Summary Report Identifier)
- Zusammenfassung   (Summary)
- Abweichungen von Testvorgaben   (Variances)
- Vollständigkeit der Testauswahl   (Comprehensive Assessment)
- Ergebnisübersicht   (Summary of Results)
- Evaluierung   (Evaluation)
- Aktivitätsübersicht   (Summary of Activities)
- Freigabe (Bestätigungen)   (Approvals)

Die Reihenfolge dieser Punkte sollte eingehalten werden. Falls zusätzliche Themen in den Abschlussbericht aufgenommen werden, so sollten sie vor dem letzten Punkt (Bestätigungen) eingefügt werden.

Falls ein Abschnitt des Fehlerberichts oder Teile davon in anderen Dokumenten vorliegen, so ist darauf zu referenzieren. Die Dokumente, auf die hierbei verwiesen wird, müssen dem Fehlerbericht als Anlage beigefügt werden oder den Nutzern des Berichts zugänglich sein.

7   Grundsätzliche Methoden der Testfallerstellung

7.1   Black-Box- und White-Box-Methode

Für die Ableitung von Testfällen unterscheidet man grundsätzlich zwei unterschiedliche Verfahren: Black-Box- und White-Box-Test.

Beim Black-Box-Test wird das Testobjekt als schwarzer Kasten angesehen, d.h. der innere Aufbau wird nicht herangezogen. Den Tester interessiert somit lediglich das Verhalten der Ein- und Ausgabedaten (also die Funktionalität des Testobjekts). Bei der Testfallauswahl geht man von der fachlichen Spezifikation aus.

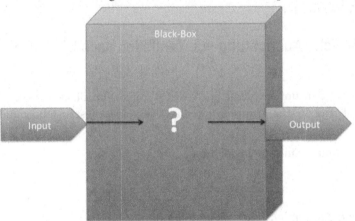

Abbildung 7-1:   **Black-Box-Test**

Im Gegensatz zum Black-Box-Test kann man den White-Box-Test als den internen Funktionstest eines Programms bezeichnen. Der White-Box-Test setzt die Kenntnis des Programmcodes und somit der internen Programmstruktur und -abläufe voraus. Als Grundlage für die Testfallauswahl dienen der Programmcode, die Programmbeschreibung und das DV-Konzept. Die Testfälle ergeben sich aus den Ablaufmöglichkeiten des Programms (Ausführung aller Befehle, Entscheidungen, Bedingungen, Verzweigungen).

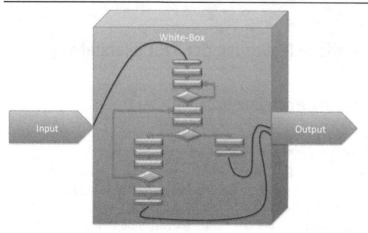

Abbildung 7-2:   White-Box-Test

7.2   Grundsätzliche Ausrichtung von Testfällen nach Black-Box-Methode

In diesem Rahmen werden unterschiedliche Ausrichtungen von Black-Box-Tests beschrieben. Es sind drei Testfallgruppen von Black-Box-Tests festzustellen, die immer gelten:

1. GUI Design/Ergonomie/Standardeinstellungen
2. Plausibilitäten
3. Business Logik

7.2.1   GUI Design/Ergonomie/Standardeinstellungen

Diese Tests orientieren sich an dem GUI, d.h. an der Gestaltung der Oberfläche, dem Ablauf der Steuerung, usw. Leitmotiv für diese Tests sind oft Gestaltungsrichtlinien.

Hierzu werden nachfolgend einige Beispiele angeführt:

– Eine Steuerung des Cursors muss in folgender Weise über den Bildschirm ablaufen: Von links oben nach rechts unten, und es müssen immer erst die Felder auf der höchsten Zeile abgearbeitet werden, bevor der Cursor sich eine Zeile nach unten bewegt.

– wenn der Bildschirm in zwei Teilbildschirme geteilt ist, die nebeneinander liegen, wird erst der Teilbildschirm an der linken Seite und danach der Teilbildschirm an der rechten Seite durchlaufen.

– weitere Prüfobjekte können die Short-Cut Keys sein. Anstatt einer Mausbewegung kann eine Funktion über eine Tastenkombination ausgelöst werden. Beispiel: CNTL-D um einen Druckvorgang zu starten. Es kann geprüft werden, ob diese verfügbar sind und es keine Doppelbelegungen von Kombinationen gibt oder ob bei der Vergabe der Tastenkombinationen branchenübliche Konventionen befolgt werden

– Ein weiteres Prüfobjekt kann die graphische Gestaltung des GUI's betreffen. Beispielsweise die Wahl des Fonts, die Fontgröße der Buchstaben, die Texte auf den Pushbuttons, die farbliche Darstellung des GUI's usw.

– Schließlich muss der Status von unterschiedlichen Objekten unter bestimmten Bedingungen geprüft werden. Beispiel: gewisse Parameter einer Funktion führen dazu, dass bestimmte Auswahlmöglichkeiten nicht mehr erlaubt sind. Somit müssten diese im Menü ausgegraut (disabled) sein. Es kann aber auch bedeuten, dass durch die ausgewählten Parameter andere (Teil-)Funktionen wieder aktiv geschaltet werden.

– Zum Schluss muss die Anwesenheit von Objekten geprüft werden. Zum Beispiel wenn im Menü eine Dropdown-Box angewählt wird, ist diese Box, bzw. der Inhalt dieser Box sichtbar, usw.

Bemerkung: Für eine Standardsoftware, die (wahrscheinlich) ein Standard-GUI mit eingeschränkter Gestaltungsfreiheit besitzt, sind die Testaufgaben wie oben beschrieben wesentlich kleiner.

7.2.2 Plausibilitäten

Das Prüfen der Plausibilitäten bezieht sich auf das Prüfen von gewissen funktionalen Aspekten der Anwendung. Dies sind Aspekte die sich oft auf die „Gültigkeit" von Eingabedaten für Datenfelder beziehen.

Wenn es sich beispielsweise um ein numerisches Feld handelt, müssen folgende Aspekte geprüft werden (Feldformat: 8 Stellen, nur numerische Daten sind zugelassen):

– Eingabe von alphanumerischen Daten bei korrekter Feldlänge, d.h. 8 Stellen,
– Eingabe von numerischen Daten bei Überschreitung der maximalen Feldlänge
– Eingabe von numerischen Daten bei Unterschreitung der maximalen Feldlänge
– Eingabe eines numerischen Wertes mit einer Länge von 8 Stellen
– Eingabe von Sonderzeichen
– Eingabe eines Leerzeichens
– Keine Eingabe (lediglich die Taste <RETURN> oder <ENTER> drücken

Dieses Beispiel könnte in folgender Form erweitert werden (Vorgabe Feldformat: Zahlenfeld 9 Stellen, davon 3 Nachkommastellen.

– Eingabe kleiner als 9 Ziffern, wie wird der Wert aufbereitet?
– Eingabe größer als 9 Ziffern, was passiert mit den zusätzlichen Ziffern?

- Wie wird die richtige Komma-Position erarbeitet?
- Was passiert bei der Eingabe von Buchstaben und Sonderzeichen?
- findet die Aufbereitung bei einer Eingabe von genau 9 Ziffern gemäß der Anforderungen statt?
- Wie sind die Konventionen für Zahlen kleiner als 9 Ziffern (führende Nullen erlaubt?)

Wichtig ist auch die Prüfung, ob die Daten wirklich in die Datenbank, in die richtigen Tabellen weggeschrieben worden sind. Der richtige Weg, dies zu prüfen, ist „an der Anwendung vorbei" über eine SQL-Query[15] direkt in der Datenbank.

7.2.2 Businesslogik

Der dahinterliegende Gedanke ist folgender: Software ist eine Reihe von Schritten, mit Entscheidungspunkten, die auf Bedingungen aufbauen. Diese Bedingungen haben Verzweigungen und entsprechende Aktionen zur Folge.

Es gilt Testabläufe zu konstruieren, die prüfen, ob diese Prozesse gut definiert sind und „abgearbeitet" (d.h. entsprechenden Schritte durchgelaufen) werden.

7.2.3 Beispiel Testfälle

Die folgende Tabelle nennt beispielhaft Testfälle für die drei genannten Bereiche.

Tabelle 7-1:   Beispiel Testfälle

Bereich	Testfälle
GUI- Design/Ergonomie/Standard-einstellungen	Test Short Cuts
	Test Cursor Lauf
	Test TAB Lauf
	Test auf korrekte Feldvorbelegung
Plausibilität	Test Kann-/Muss-Felder
	Test Feldlänge
	Test nummerische Felder
	Test alphanummerische Felder
	Test Sonderzeichen
Business Logik (am Beispiel Überweisung)	Test Überweisung auf Kreditkonto
	Test Überweisung Girokonto
	Test Überweisung auf Sparkonto

---

15 SQL (Structured Query Language) ist eine Datenbanksprache zur Abfrage von relationalen Datenbanken; SQL-Query ist dabei das SQL Statement, also die eigentliche Abfrage auf der Datenbank

7.3 Weitere Testfallerstellungsmethodiken

7.3.1 Funktionsabdeckung

Die Testfalldefinition beruht konkret auf den vorliegenden Spezifikationen, die im Einzelnen die Funktionen/Module etc. auflisten und beschreiben (z.B. Fach- oder DV-Konzepte). Es werden die Testfälle identifiziert, die alle Funktionen oder mögliche Kombinationen von Funktionen abdecken bzw. durchlaufen. Grundsätzlich ist dieser Test nur geeignet um Normalsituationen zu testen.

7.3.2 Äquivalenzklassen

Bei der Erstellung der Testfälle werden repräsentative Klassen von Eingabewerten gebildet, die zu einer ähnlichen Art der Verarbeitung führen. Dabei werden Klassen von gültigen Eingabewerten (führen zu einer korrekten Verarbeitung) und von ungültigen Eingabewerten (für Plausibilitätsprüfungen, führen zu Fehlermeldungen) unterschieden.

Bei der Bildung von Äquivalenzklassen geht man davon aus, dass ein Testfall mit einem Wert aus der Klasse die gleiche Wahrscheinlichkeit hat, einen Fehler zu finden wie mehrere Testfälle mit unterschiedlichen Eingabewerten aus der gleichen Klasse. D.h., wenn ein Testfall aus einer Klasse einen Fehler entdeckt, erwartet man, dass alle anderen Testfälle in der Klasse den gleichen Fehler finden. Oder anders herum. Unter dieser Annahme kann die Anzahl möglicher Testfälle reduziert werden.

Beispiel:

Ausgangsituation:

Eingabefeld: "Anzahl"

Wertebereich: 10 < Anzahl <= 999

Äquivalenzklassen:

Anzahl   <= 10

Anzahl   > 999

Anzahl   zwischen 11 und 999

mögliche Testfälle:

Anzahl = 1   => ungültig

Anzahl = 1010   => ungültig

Anzahl = 50   => gültig

7.3.3   Grenzwertanalyse

Hierbei handelt es sich um eine besondere Form der Äquivalenzklassenbildung. Die Grenzwertanalyse hat ihren Schwerpunkt in der Betrachtung von Werten, die sich auf oder in der Umgebung von Grenzen der Äquivalenzklassen befinden. Hier werden in der Praxis sehr häufig Fehler gefunden. Bei der Definition der Testfälle wird als Eingabewert der Grenzwert selbst und ein Wert direkt über bzw. unter dem Grenzwert gewählt.

Beispiel:

Ausgangsituation:

Eingabefeld: "Anzahl"

Wertebereich: 10 < Anzahl <= 999

mögliche Testfälle:

Anzahl = 10   => ungültig

Anzahl = 11   => gültig

Anzahl = 999   => gültig

Anzahl = 1000   => ungültig

7.3.4   Entscheidungstabellenmethodik

Die Entscheidungstabellenmethodik ist eine prozessorientierte Methodik zur strukturierten Erstellung von Testfällen. Sie kann für White-Box- sowie für Black-Box-Testfallerstellung eingesetzt werden. Leitmotiv ist die Betrachtung einer Softwarefunktion aus Sicht des Prozesses. Die Verarbeitung wird Schritt für Schritt betrachtet - aus Sicht von Entscheidungspunkten und in einer erweiterten Form ggf. von Aktionen.

Dies ist ein wesentlicher Unterschied zur Äquivalenzklassenmethode, die sich primär an den einzelnen Entscheidungspunkten orientiert, wobei diese isoliert betrachtet werden.

Bei der Entscheidungstabellenmethodik können die Kombinationen aller Entscheidungspunkte innerhalb eines Prozesses generiert werden. D.h. alle möglichen Pfade können ermittelt und durchlaufen werden.

Durch die Systematik bei der Erstellung ist die Entscheidungstabellenmethodik hervorragend geeignet für Prozesse, die sich ändern können, z.B. eine Bedingung (somit ein Entscheidungspunkt) kommt zum Prozess hinzu oder eine Bedingung wird überflüssig, fällt weg. Die erstellten Testfälle für den Prozess sind aufgrund der verwendeten Systematik bei der Erstellung leicht zu warten.

Eingesetzt wird die Entscheidungstabellenmethodik bei komplexen Berechnungen. Durch die zugrundeliegende Systematik und den somit erreichten Abdeckungsgrad werden unerwünschte Nebeneffekte (unbeabsichtigte Beeinflussung innerhalb des Prozesses, Widersprüche, Unvollkommenheiten in der Spezifikation) fast immer zeitig aufgedeckt.

Im Folgenden werden die Schritte bei der Ermittlung einer Entscheidungstabelle in Kurzform beschrieben.

7.3.4.1 Schritte zur Erstellung einer Entscheidungstabelle

Schritt 1:

Festlegen der Startbedingung eines Prozesses, den sog. Trigger.

Schritt 2:

Festlegen der Entscheidungspunkte, der Determinanten. Dies bedeutet, es werden alle Bedingungen und ihre Wertekategorien (positiv oder negativ) festgelegt.

Schritt 3:

Bestimmung der positiven und der negativen Determinanten.

Eine negative Determinante verursacht eine Fehlermeldung, wenn die Bedingung eintritt, d.h. der Prozess wird beendet. Diese Bestimmung ist wichtig, weil auf diese Weise die logischen Testfälle eingeschränkt werden. Das Ergebnis "richtig" führt nicht zu einer Weiterverarbeitung und muss somit in der Tabelle nicht weiter berücksichtigt werden. (Zur Verdeutlichung: die Anzahl möglicher logischer Testfälle wächst exponentiell mit der Anzahl der Determinanten)

Die restlichen Determinanten sind positiv, d.h. der Prozess wird weiter verfolgt, unabhängig davon, ob die Bedingung eintritt ("richtig") oder nicht ("falsch").

Schritt 4:

Festlegen der Testspalten. Dies sind die möglichen Kombinationen zwischen den verschiedenen Entscheidungspunkten. Dieser Schritt wird unterteilt in 2 Teilschritte.

Zuerst müssen die Ausstiegskriterien überprüft werden, d.h. jede negative Determinante muss einmal den Wert "richtig" annehmen. Dies ergibt eine Tabelle mit negativen Determinanten. Die zusätzliche Situation, die dargestellt wird, ist die Situation, in der keiner der negativen Determinanten "richtig" ist, also die Verarbeitung stattfindet.

Danach werden alle möglichen Kombinationen der positiven Determinanten festgelegt.

Jetzt werden diese beiden Tabelle miteinander verknüpft:

– Die "Ausstiegsszenarien" werden abgebildet zur Überprüfung;
– Die möglichen Kombinationen der positiven Determinanten werden abgebildet
– Die Ergebnisse zu den unterschiedlichen Pfaden werden festgelegt

Schritt 5:

Konsolidierung der logischen Testfälle (aus der vorherigen Tabelle)

Fälle, die sich ausschließen oder den gleichen Pfad (im Programmcode) durchlaufen, werden aus der Tabelle gestrichen. Somit reduziert sich die Anzahl der später auszuführenden physikalischen Testfälle.

Schritt 6:

Die logischen Testfälle werden zu physikalischen Testfällen gemacht.

Zu den logischen Wirkungsklassen ("richtig" oder "falsch") werden konkrete Werte zugeordnet.

Diese Werte bilden die Test(-eingabe-)Daten zu den unterschiedlichen Testfallablaufbeschreibungen. Dieser Vorgang folgt der gleichen Methodik wie bei der Äquivalenzklassenmethodik. Ggf. kann sie auch mit der Grenzwertanalyse erweitert werden.

In diesem Schritt könnte sich aufgrund von widersprüchlichen Daten und Bedingungen eine Reduzierung in der Anzahl von Testfällen ergeben. D.h. auf diese Weise können auch weitere Unvollkommenheiten in den Spezifikationen entdeckt werden.

Beispiel:

Testfälle	T1	T2	T3	T4	T5	T6	T7	...
Bedingungen								
Kunde >= 18	J	J	J	J	J	J	N	...
Betrag >= EUR 15.000	J	J	J	N	J	N	J	...
Nutzung Online Banking	J	J	N	N	N	J	J	...
Nutzung Schalter in Filiale	J	N	N	N	J	J	J	...
Aktionen								
Überweisung kostenlos		X						...
Überweisung gegen Gebühr					X			...
Mitteilen: nicht erlaubt		X						...
Mitteilen: ausgeführt					X			...

Man sieht, dass man bei einer Entscheidungstabelle sehr schnell sehr viele Testfälle aus den einzelnen Bedingungen erstellen kann. Es ist aber auch darauf zu prüfen, ob sich einzelne Bedingungen (hier z.B. „Nutzung Online Banking" und „Nutzung Schalter in Filiale") sich nicht gegenseitig ausschließen. In diesem Fall sind das dann Testfälle, die theoretisch sich aus der Kombination ergeben, aber keinen wirklichen Sinn machen (wie in dem Beispiel die Testfälle T1, T3, T4, T6 und T7).

7.3.4.2 Variationen und Erweiterungen zur Entscheidungstabellenmethodik

Die Entscheidungstabellenmethodik bietet verschiedene Möglichkeiten der Vertiefung:

- Variationen in der Anzahl der zu testenden Kombinationen
- Variationen im Testmaß
- Variationen im Detaillierungsmaß

Variationen in der Anzahl der zu testenden Kombinationen

Eine minimale Abdeckung wird erreicht, wenn jede Determinante einmal den Wert "richtig" und einmal den Wert "falsch" erhalten hat.

Die maximale Abdeckung wird erreicht wenn alle Kombinationen der Determinanten ausgeführt werden - dies natürlich basierend auf dem Testmaß, das zum Einsatz kommt.

Alle anderen Kombinationen ergeben Zwischenergebnisse.

Variationen im Testmaß

Dies bedeutet, dass nur eine begrenzte Zahl von Entscheidungspunkten miteinander im Verbund betrachtet wird, anstatt eine ganze Kette miteinander verknüpft zu sehen. Wenn alle möglichen Kombinationen bei Testmaß 3 (im Verbund!) berücksichtigt werden, führt dies zu 2 x 2 x 2 = 8 Testfällen.

Anmerkung:

Wenn das Testmaß 1 oder 2 gewählt wird, ist die Entscheidungstabellenmethodik gleich der Äquivalenzklassenmethodik. Die Äquivalenzklassenmethodik ergibt 2 Testfälle pro Entscheidungspunkt ("richtig" oder "falsch"). Bei Testmaß 2 führt dies zu 2 + 2 = 4 Testfällen. Bei Testmaß 3 ergibt die Äquivalenzklassenmethode 2 + 2 + 2 = 6 Testfälle, also 2 weniger als die Entscheidungstabellenmethodik.

Variationen im Detaillierungsmaß

Dies bezieht sich auf Entscheidungspunkte, die aus Mehrfach-Bedingungen (Kombinationen von mehreren Faktoren zur gleichen Zeit) aufgebaut sind.

Hier kann die gleiche Vorgehensweise wie bei den Entscheidungspunkten im Prozess verwendet werden:

Alle möglichen Kombinationen zwischen den Einzelbedingungen können berücksichtigt werden oder nur das Gesamtergebnis wird berücksichtigt (also "falsch" oder "richtig")

7.4 Testfallermittlung auf Grundlage von Erfahrungswerten

Bei dieser Art der Ableitung von Testfällen handelt es sich nicht um eine formale Vorgehensweise zur Testfallermittlung. Vielmehr handelt es sich hier um eine Ermittlung von Testfällen, die auf Erfahrungswerten des Testers beruht. Die Testfälle basieren auf der Erfahrung, wo Fehlersituationen in der Vergangenheit aufgetreten sind oder der Vermutung des Testers, wo Fehler in der Zukunft mit großer Wahrscheinlichkeit auftreten werden. Die so abgeleiteten Testfälle sind allerdings nur als eine Ergänzung zu den Testfällen anzusehen, die anhand der strukturierten Testfalldefinition ermittelt werden. Nur durch Kombination dieser Methoden wird eine relative Vollständigkeit der Testfallabdeckung erreicht.

Beispiele:

– illegale Werte: negative Zahlen, Nullen, Blanks, zu hohe Werte, zu lange Namen
– Unterbrechung eines Prozesses zu einem unerwarteten Zeitpunkt
– Müssen Datums-/Zahlenformate/Notationen umgesetzt werden?
– Einfache/komplexe Mappings? Muss z.B. aus mehreren Quellwerten ein Zielwert ermittelt werden?
– Was passiert/soll passieren bei
    – doppelter Datenanlieferung/-verarbeitung
    – fehlender Datenanlieferung/-verarbeitung
    – Abbrüchen während Datenanlieferung/-verarbeitung
– Vollständigkeit der Schnittstellen-Verarbeitung
– Anwendungsbereich mit häufigen Änderungen

konkrete Beispiele zu Vertragsdaten:

– Währungen: Verträge in Haus- und Fremdwährung (insbes. auch Währungen wie JPY, die keine Nachkommastellen aufweisen)
– Vertragsstatus: „Angebot"/„Vertrag"/„Vertrag erledigt"
– Laufzeiten mit verschiedenen Restlaufzeiten z.B.: > 10 Jahre / > 3 Jahre / ... / überschrittene Restlaufzeit
– mit Laufzeitbeginn in der Zukunft („Forwards")
– mit überschrittenem Zinsbindungsende
– Auszahlungsstand: Unvalutierte/teilvalutierte/vollvalutierte

- Rückzahlungsstand: un-/teil-/vollgetilgte sowie vorzeitig getilgte Verträge
- Deckung: in Deckung/teilgedeckte/nicht in Deckung befindliche
- Leistungsgestörte: rückständige/gekündigte/ausgefallene

7.5 Risk-based Testing
oder die Notwendigkeit einer Priorisierung von Testfällen

Bisher waren in all meinen Projekten die für das Testen vorgesehenen Zeitfenster sehr knapp. Um diese knappe Zeit so sinnvoll wie möglich für den Erfolg des Projektes zu nutzen, müssen die Testfälle (inkl. Testgruppen und Testobjekte) priorisiert werden. Dabei erfolgt die Einschätzung aus Sicht der Produktion. Dies bedeutet, es erfolgt eine Einschätzung, wie kritisch ein Fehlen oder ein Nicht-Funktionieren einer entsprechenden Transaktion (bzw. eines Geschäftsvorfalls) für den Auftraggeber bedeutet. Somit erhält man über diese Einschätzung *kritisch*, *mittel*, *niedrig* automatisch eine Reihenfolge, in der die Testfälle abgearbeitet werden müssen.

Ziel ist, die kritischen Systemteile zuerst zu testen, um schwerwiegende Fehler frühzeitig zu erkennen. Dies ist besonders dann wichtig, wenn in zeitkritischen Situationen nicht alle eingeplanten Testaktivitäten durchgeführt werden können. Dies wird auch risk-based Testing genannt, also das risiko-orientierte Testen.

Die Priorisierung erfolgt in enger Abstimmung mit dem Auftraggeber. Denn nur der Auftraggeber kann die Auswirkungen für sich am besten bewerten.

7.5.1 Vorgehen zur Priorisierung von Testfällen

Um Testfälle korrekt einzustufen, genügt es nicht, sich nur über die Priorität und damit die Kritikalität Gedanken zu machen. Gleichzeitig muss auch die Komplexität des Testfalls (oder auch des Testobjekts) berücksichtigt werden.

Die Priorität und somit die Kritikalität bestimmt die Testintensität oder auch Testabdeckung, die Komplexität bestimmt den Aufwand.

Es werden folgende Prioritätsstufen unterschieden:

- Hoch   z.B.: A
- Mittel   z.B.: B
- Niedrig   z.B.: C

Es werden folgende Komplexitätsstufen unterschieden:

- Hoch   z.B.: 1
- Mittel   z.B.: 2
- Niedrig   z.B.: 3

Daraus ergibt sich eine Matrix, über die der Test gesteuert werden kann. Dabei stellt jede Zelle der Matrix eine Testkategorie mit zugewiesener Testabdeckung und Testaufwand dar.

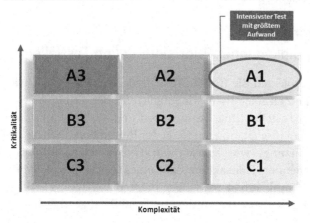

Abbildung 7-3:   **Kritikalitäts-Komplexitäts-Matrix**

7.5.2   Beispiele für die Komplexitätseinstufung

Die folgende Tabelle zeigt mögliche Indikatoren, um Prozesse entsprechend ihrer Komplexität einzustufen. Daraus kann dann für die zugrundeliegenden Testfälle ebenfalls die Komplexität abgeleitet werden.

Tabelle 7-2:   **Beispiel Komplexität**

Indikator	1	2	3
Anzahl Verzweigungen im Prozess	> 6	6	2
Anzahl betroffener Anforderungen	> 15	15	< 10
Anzahl Systemübergänge im Prozess	> 5	3–4	1–2
Anzahl kundeneigener Erweiterungen	> 5	1–5	0

7.5.3   Beispiele für die Kritikalitätseinstufung

Die folgende Tabelle zeigt mögliche Indikatoren um Prozesse entsprechend ihrer Kritikalität einzustufen. Auch daraus kann dann für die zugrundeliegenden Testfälle die Kritikalität abgeleitet werden.

Tabelle 7-3:   **Beispiel Kritikalität**

Indikator	A	B	C
Auswirkungen im Fehlerfall auf die Reputation	Hoch	Mittel	Niedrig
Anzahl Transaktionen pro Tag	> 10.000	101–999	0–100
Anzahl Endnutzer	> 1.000	251–999	0–250
Verlust im Fehlerfall	Hoch	Mittel	Niedrig

7.5.4   Nutzen von risk-based Testing

Letztendlich handelt es sich hierbei um eine Risikoeinschätzung, bei der die Risiken von Fehlern im produktiven Betrieb beurteilt werden müssen (z.B. wie hoch ist der Schaden, wenn ein bestimmtes Berechnungsmodul nicht funktioniert?). Daher versteht man diesen Ansatz auch als risikobasiertes Testen. Da sich ein Risiko aus der Fehlerwahrscheinlichkeit und dem dadurch entstandenen Schaden zusammensetzt, werden diese zwei Einflussfaktoren näher betrachtet:

Fehlerwahrscheinlichkeit:

– Nutzungshäufigkeit der Funktion, Komplexität der Funktion, Neu zu implementierende Funktionen, Funktionen, in denen bereits in der Entwicklungsphase viele Fehler gefunden wurden, Funktionen mit vielen Schnittstellen, persönliche Erfahrungswerte/Expertenwissen fehleranfälliger Anwendungsbereiche

Schaden:

– Fehlerbehebungs- und Fehlerfolgekosten, Imageschaden (Vertrauens- oder Kundenverlust), „Verdienstausfall" durch entgangene Geschäfte, Projektverzug durch Fehler

Natürlich kann die Priorisierung der Testfälle auch in Anlehnung an die Priorisierung der umzusetzenden Anforderungen erfolgen (wenn diese vorliegt).

8   Fehlermanagement

„Einen Fehler machen und ihn nicht korrigieren
– das erst heißt wirklich einen Fehler machen."
Konfuzius (551–479 v.Chr.)

8.1   Vorbemerkungen

Als Fehler wird hier eine Abweichung von einem definierten Soll-Zustand ge-
nannt. Der Soll-Zustand – das erwartete Ergebnis – ist im Testfall dokumentiert.
Weicht die entwickelte Applikation nun vom erwarteten Ergebnis ab, liegt ein
Fehler vor.

Das Fehlermanagement ist eine Kernaufgabe des Testmanagements. Primäres Ziel
der Testaktivitäten ist die Identifikation und die Behebung von Fehlern. Das entsprechende Verfahren dazu ist ein wichtiger Punkt bei der Fortschritts-
Überwachung eines strukturierten Testprozesses. Es wird beschrieben durch festgelegte

– Rollen
– Abläufe
– Dokumente
– Fehlerstatus und Fehlerprioritäten

mit dem Ziel, Managementinformationen bereitzustellen als Entscheidungsgrundlage für Sachverhalte wie

– Testende
– Testverlängerung
– Lastenverteilung
– Ressourcenengpässe.

Deswegen ist es sehr wichtig, das Fehlermanagementverfahren eindeutig und
normkonform zu definieren und es auf einer anwendungsübergreifenden Basis
einheitlich einzuführen.

Anmerkung:

I.d.R. finden sich in Projekten entsprechende Tools, die für das Fehlermanagement genutzt
werden können bzw. müssen. In diesen Fällen sind die Rollen und Aufgaben aber auch die
Prozesse bereits vorgegeben. Wir versuchen ein generisches Modell darzustellen, was ge-
nutzt werden kann, wenn in einem Projekt keine Tools vorgegeben sein sollten.

8.2   Rollen und Aufgaben

Zuerst werden die diversen Rollen und Aufgaben beschrieben. Danach folgt das generische Ablaufdiagram, woraus sich weitere Informationen ergeben. Anschließend werden die unterschiedlichen Prozessschritte und ihre Bedeutung näher erklärt.

8.2.1   Rollen und Aufgaben innerhalb des Regelwerks

Tabelle 8-1:   Rollen und Aufgaben innerhalb des Regelwerks

Rollen	Aufgaben
Meldungserstellung	findet Ergebnisdifferenzen (vom Soll), berichtet und leitet diese an eine zentrale Prüfungsinstanz weiter. Diese Instanz kann beispielsweise ein Mitarbeiter der Fachabteilung sein oder ein Entwickler aber auch eine Gruppe von Mitarbeitern aus verschiedenen Bereichen.
Prüfung/Prüfungs-instanz (z.B. Fehler-manager)	beurteilt die Fehlermeldung und leitet sie an den zuständigen Entwickler oder an eine Entwicklergruppe zur Berichtigung weiter. Beispiele: Die Prüfung stellt fest, ob es sich um einen Bedienungs- oder einen Programmfehler handelt. Sie kann auch feststellen, ob sich das Sollergebnis geändert hat (z.B. neue Gestaltung oder neue Funktion) und somit das abweichende Ergebnis gewünscht ist. Es kann sich aber auch um eine nicht-gewollte Abweichung und somit um einen „wirklichen„ Fehler handeln.
Entwicklung	Überprüft die zugewiesene Fehlermeldung und akzeptiert diese im Falle eines Fehlers. Die akzeptierte Fehlermeldung wird einem Verantwortlichen zur Behebung zugewiesen. Nach der Bearbeitung wird sie an die Verifikation weitergereicht, um zu prüfen, ob die Fehlerursache tatsächlich behoben ist. Eine andere Situation ergibt sich, wenn die Fehlermeldung nicht nachvollziehbar ist und deshalb vom Meldungsersteller weitere Informationen eingeholt werden müssen, um die Fehlerbeschreibung zu präzisieren. Die Meldung kann sich auch als erledigt herausstellen, wenn z.B. eine Fehlbedienung vorliegt oder der Fehler nicht mehr auftritt.

Rollen	Aufgaben
Verifikation	prüft, ob die vorgeschlagene Lösung erfolgreich ist. Diese Rolle kann zum Beispiel ein Tester wahrnehmen. In einer anderen Ausprägung könnte es der Testkoordinator sein, der einen kompletten Regressionstest veranlasst, der von einer Reihe von Testern ausgeführt wird.

8.2.2 Rollen und Aufgaben außerhalb des Regelwerks

Es folgen Beschreibungen einiger Rollen und Aufgaben, die bei der Softwareerstellung und dem Softwaretest große Bedeutung haben. Diese Rollen stehen zwar außerhalb des Regelwerks, haben aber einen starken Einfluss auf die Projektabwicklung und beeinflussen somit möglicherweise auch dieses Regelwerk.

Tabelle 8-2:   Rollen und Aufgaben außerhalb des Regelwerks

Rollen	Aufgaben
Projektleitung	Die Projektleitung unterliegt nicht dem Regelwerk „Fehlermanagement". Sie kann jederzeit den Test abbrechen bzw. ihn für beendet erklären, wenn die Menge der noch offenen Fehler (und deren Priorisierung) sehr groß ist. Dabei sind die geltenden Qualitätsanforderungen und die Dringlichkeit der Einführung der zu testenden Anwendung zu berücksichtigen.
Abnahmeleitung	Die Abnahmeleitung verwaltet die Abnahme auf Projektebene. Sie berichtet an die Projektleitung.

8.3 Fehlermanagementprozess

In diesem Ablauf sind fünf unterschiedliche, in sich abgeschlossene Prozessschritte zu unterscheiden, die teilweise wiederholt werden können (iteratives Vorgehen). Diese Prozessschritte werden in den folgenden Unterkapiteln näher beschrieben.

Im Verlauf der Arbeitsschritte werden den Fehlermeldungen einige Attribute zugeordnet.

– Status der Meldung
– Bearbeitungspriorität
– Fehlerkritikalität
– an wen weitergeleitet (Instanz oder Person)
– gewünschter Fertigstellungstermin (z.B. vom Melder gesetzt)
– voraussichtlicher Fertigstellungstermin (z.B. von der Organisationseinheit gesetzt, die sich um die Behebung kümmert)

Es folgt eine beispielhafte Darstellung eines Fehlermanagementprozesses.

Wichtig:

Der Prozess bzw. das Regelwerk ist generischer Natur und muss deshalb unbedingt an die jeweiligen projektspezifischen Gegebenheiten angepasst werden.

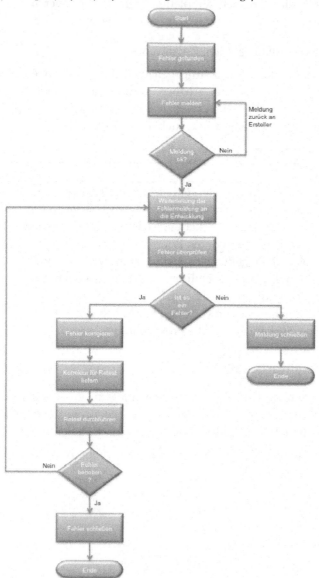

Abbildung 8-1:   **Fehlermanagementprozess**

8.3.1 Schritt 1: Meldungserstellung

Der Tester findet eine Abweichung zwischen dem erwarteten Ergebnis aus der Testfallbeschreibung und dem tatsächlichen Ergebnis aus der Testdurchführung. Für diese Abweichung wird eine Fehlermeldung erstellt.

Die beiden Attribute *Bearbeitungspriorität* und *Kritikalität* des Fehlers werden vom Meldungsersteller nach eigener Einschätzung festgelegt.

Fehlermeldungen Test Darlehensanwendung			
Datum Testdurchführung		Name Tester	
Testfallnummer		Testaufgabe	
Priorität		Kritikalität	
Kurzbeschreibung Test			
Kundennummer		Fehlernr.	1
Kredit		Status	offen
Fehlerbeschreibung			
Fehlerbehebung			
Meldung am		Meldung von	

Abbildung 8-2: Beispiel für ein Template für eine Fehlermeldung

Bevor nun der Tester die Fehlermeldung einem Entwickler zuweist, wird sie von einer Prüfungsinstanz, z.B. dem Fehlermanager, überprüft. Dabei geht es darum, ob die Meldung formal korrekt und nachvollziehbar dokumentiert ist. Auch die Attribute *Bearbeitungspriorität* und *Kritikalität* werden überprüft.

Folgende Mindestanforderungen an die Dokumentation eines Fehlers sind zu beachten, um eine schnelle und effiziente Bearbeitung zu ermöglichen:

– Detaillierte und nachvollziehbare Beschreibung der Situation mit u.a. folgenden
  Angaben:
  - Angabe des Testfalls ggfs. mit Verweis auf die getestete Spezifikation
  - Angaben zur Testumgebung
  - Angabe zu Testdaten
  - Angabe der Teststufe/Testobjekt
  - Datum und Zeit der Fehlerfeststellung
– Ergänzungen durch Anhänge wie Screenshots u.ä...
– Einhaltung der Kategorisierungen (Fehlerart, Priorität s. Kapitel 8.4)
– Eindeutigkeit der Fehlermeldung, d.h. keine Kombination aus mehreren
  Fehlern

8.3.2   Schritt 2: erste Prüfung

Die Fehlermeldung wird nun geprüft, d.h. die Meldung wird beurteilt und klassi-
fiziert. Hier sind drei Möglichkeiten zu berücksichtigen:

Möglichkeit 1: Eine neue Anforderung bzw. der change request

Es handelt sich zwar um eine Abweichung vom ursprünglich definierten SOLL ist
aber dennoch umzusetzen. Damit entspricht die Abweichung der neuen Sollsitua-
tion und ist somit kein Fehler, sondern ein sogenannter change request. Bearbeitungspriorität und Kritikalität der Meldung werden nach Ermessen der Prüfungsinstanz eingetragen bzw. der neuen Situation angepasst.

Möglichkeit 2: Meldung ist nicht nachvollziehbar

Die Fehlermeldung ist nicht eindeutig oder nicht nachvollziehbar. Die Meldung
geht zurück an den Ersteller mit der Aufforderung, sie eindeutig und nachvollziehbar zu dokumentieren.

Möglichkeit 3: eindeutiger Fehler

Die Fehlermeldung beschreibt einen eindeutigen Fehler. Sie wird von der Prüfungsinstanz bzw. dem Fehlermanager an die zuständige Entwicklung weitergeleitet.

Bearbeitungspriorität und Kritikalität des Fehlers werden nach Ermessen der Prüfungsinstanz eingetragen bzw. der neuen Situation angepasst. Sie können aber
auch unverändert bleiben.

8.3.3   Schritt 3: erneute Prüfung und Zuordnung zur Behebung

In der zugeordneten Entwicklergruppe findet eine erneute Prüfung statt. Auch
hier gibt es drei Möglichkeiten:

Möglichkeit 1: Entwicklergruppe nicht zuständig

Die Gruppe ist nach Prüfung der Meinung, dass sie nicht zuständig ist. Sie reicht die Meldung zurück. Wenn bekannt, erfolgt noch der Hinweis, wer für die Lösung zuständig ist. Bearbeitungspriorität und Kritikalität des Fehlers bleiben unverändert.

Möglichkeit 2 Entwicklergruppe zuständig, Fehler nicht reproduzierbar

Die Entwicklergruppe erklärt sich zuständig. Der Fehler ist jedoch nicht reproduzierbar. Nähere Informationen vom Meldungsersteller werden benötigt.

Nach Präzisierung kann sich aber auch herausstellen, dass der Fehler reproduzierbar ist und einer erneuten Prüfung der gleichen Entwicklergruppe unterliegt, oder, dass doch eine andere Entwicklergruppe zuständig ist.

Bearbeitungspriorität und Kritikalität des Fehlers werden nach Ermessen der Prüfungsinstanz eingetragen bzw. der neuen Situation angepasst.

Möglichkeit 3: Entwicklergruppe zuständig, Fehler reproduzierbar

Der Fehler ist reproduzierbar, die Entwicklergruppe erklärt sich zuständig für die Lösung und der Fehler wird bearbeitet.

Bearbeitungspriorität und Kritikalität des Fehlers werden nach Ermessen der Prüfungsinstanz eingetragen bzw. der neuen Situation angepasst.

8.3.4 Schritt 4: Fehlerursache wird behoben

Die Fehlerquelle konnte identifiziert und die Meldung erfolgreich zugewiesen werden. Die Meldung wurde an die entsprechende(n) Person(en) weitergeleitet und die Fehlerbehebung wird durchgeführt.

Nach Korrektur des Fehlers muss natürlich geprüft werden, ob diese Fehlerbehebung auch das in der Meldung beschriebene Problem gelöst hat. Der Fehlerbeheber muss die Korrektur jetzt weiterleiten und zum Test durch die zuständige Instanz freigeben. Bearbeitungspriorität und Kritikalität des Fehlers bleiben unverändert.

8.3.5 Schritt 5: Test/Verifikation der Fehlerkorrektur

Nach Bearbeitung und Behebung wurde die Korrektur gemeldet bzw. die Fehlermeldung weitergereicht und freigegeben zur Verifikation. Hier ergeben sich drei Möglichkeiten.

Möglichkeit 1: Fehler ist behoben

Der Fehler ist tatsächlich behoben und die Fehlermeldung wird geschlossen.

Möglichkeit 2: Fehler existiert noch

Die Fehlermeldung existiert immer noch. Die Meldung wird zur Prüfung und Behebung erneut an die Entwicklergruppe weitergereicht. Bearbeitungspriorität und Kritikalität des Fehlers bleiben unverändert.

Möglichkeit 3: Fehler ist behoben, neuer Fehler gefunden

Die Behebung der Fehlermeldung hat neue Abweichungen verursacht, somit ergeben sich neue Fehlermeldungen, die separat gemeldet werden. Bearbeitungspriorität und Kritikalität der neuen Fehler werden vom Meldungsersteller (z.B. Tester) nach eigenem Ermessen festgelegt.

8.4 Fehlerklassifizierung und Behebungspriorisierung

Die Fehlerklassifizierung und die Behebungspriorisierung sind wichtige Managementinstrumente. Sie ermöglichen Aussagen über die momentane Qualität der Anwendung, die sich in dem strukturierten Test befindet und unterstützt qualitative Aussagen über die mögliche Freigabe der Anwendung für die nächste Phase.

Beispiel:

Eine Anwendung mit offenen Fehlern hoher Priorität sollte nicht freigegeben werden. Haben die offenen Fehler niedrige Priorität, wäre eine Freigabe der vorliegenden Softwareversion nicht unbedingt problematisch.

8.4.1 Fehlerschwere

Die hier vorgestellte Klassifizierung der Fehlermeldungen orientiert sich an der Norm IEEE 1044 – 1993 (IEEE Standard Classification for Software Anomalies).

Tabelle 8-3:   Fehlerklassifizierung gemäß IEEE 1044 – 1993

Klassifizierung/Fehlerschwere	Beschreibung
urgent (showstopper)	Test kann ohne Fehlerkorrektur nicht fortgesetzt werden
critical (sehr hoch)	Wesentliche Funktionen sind betroffen, Sicherheit ist gefährdet
Major (hoch)	Wesentliche Funktionen sind betroffen können aber ausgeführt werden
Minor (niedrig)	Nur unwesentliche Funktionen sind betroffen
Inconsequential (kein Fehler)	Keine signifikante Auswirkung auf die getestete Funktion

8.4.2   Kritikalität/Projektrisiko und Behebungspriorisierung

Das vorherige Modell wird verfeinert bzw. um die Behebungspriorisierung erweitert. Diese ergibt sich aus der Kritikalität der Funktionalität.

Kritikalität bedeutet den Einfluss des „Nichtfunktionierens" einer Funktionalität auf den Erfolg des Projektes.

Die Kritikalität und somit die Behebungspriorisierung orientiert sich an der Gewichtung der zu testenden Funktionalität im Rahmen der Testplanhierarchie, sowie an der Fehlerschwere der gemeldeten Fehlfunktion.

Für die funktionale Gewichtung können beispielsweise untenstehende Klassifizierungen vergeben werden:

– Notwendig
– Wichtig
– Normal
– "Nice-to-have"

An Hand dieser beiden Kriterien können den einzelnen Fehlermeldungen jeweils eine Behebungspriorisierung vergeben werden.

Tabelle 8-4:   **Behebungspriorisierung gemäß IEEE 1044 – 1993**

		Fehlerschwere				
		Urgent	Critical	Major	Minor	Incons.
Gewichtung der Funktionalität	Notwendig	Urgent	Urgent	Critical	Critical/Major	-/-
	Wichtig	Critical	Critical	Major	Minor	-/-
	Normal	Major	Major	Major/Minor	Minor	-/-
	„Nice-to-have"	Minor	Minor	Incons.	Incons.	-/-

Anmerkungen zu Fehlerpriorisierung und Kritikalität

Die Fehlerpriorisierung (und somit die Bearbeitungspriorisierung) ist ein wichtiges Managementinstrument. Sie dient als Planungshilfsmittel für den Fertigstellungstermin einer Anwendung (konkret: Welche Fehler sind zuerst zu beheben und bis wann?).

Es ist also selbstverständlich, dass das Entscheidungsgremium die Fehlerverteilung über die unterschiedlichen Bearbeitungsprioritäten „im Auge behält", und mittels Reviewsitzungen kontrolliert, dass nur solche Fehlermeldungen (und somit Fehlfunktionen) als kritisch gekennzeichnet werden, die es tatsächlich sind.

Diese Kontrolle ist im Falle einer Realisierung durch einen externen Auftragnehmer noch wichtiger. Hintergrund ist die planerische Zusammenarbeit, um das gesetzte Ziel zu erreichen und eine Absicherung der Glaubwürdigkeit bzgl. Kommunikation und Einstufung der Fehlermeldungen.

8.5 Der Eskalationsprozess

Im Rahmen der Fehlerabarbeitung kann es selbstverständlich zu unterschiedlichen Meinungen zur Einstufung einer Fehlermeldung kommen. Die Einschätzung bzw. Bewertung eines Fehlers von der Entwicklung trifft auf die vom Test aufeinander. Während in der Entwicklung möglichst effizient mit den Programmänderungen umgegangen werden soll (ein Programm soll möglichst nur einmal für eine Fehlerbehebung angepasst werden und nicht für jeden Fehler einzeln), interessiert sich der Test eher dafür, möglichst zügig im Testfortschritt voran zu kommen.

In solchen Fällen ist ein Entscheidungsgremium erforderlich, das im Sinne des Gesamtprojektes die Behebungspriorisierung festlegen kann. Dieses Gremium nennen wir Eskalationsboard. Dort sind die entscheidungsbefugten Projektleiter vertreten.

Einigen sich Entwicklung und Test nicht über die Kategorisierung eines Fehlers, wird dieser Fehler eskaliert, d.h. dem Eskalationsboard zur Entscheidung vorgelegt.

Weitere Gründe für den Anstoß des Eskalationsprozesses:

- Der Fehlereigentümer oder der Fehlerstatus bleibt zu lange unverändert
- Die Lösung schlägt fehl trotz mehrerer Versuche
- Die Projektplanung (z.B. eine Deadline) kann in Gefahr kommen auf Grund der Anzahl der offenen Fehler (Fragestellung: zusätzliche Ressourcen, andere Maßnahmen treffen, Releaseplanung ändern, usw.)
- Niemand fühlt sich zuständig für die Fehlerbehebung (Fehlerstatus bleibt zu lange unverändert, es gibt keine Änderungen, usw.)
- Das Eskalationsboard wird natürlich nicht jeden Fehler einzeln behandeln. I.d.R. werden turnusmäßig Meetings angesetzt in denen alle bis dato eskalierten Meldungen behandelt werden. Je nach Projektphase kann es sich hier um einen monatlichen, 14-tägigen oder gar wöchentlichen (und in den heißen Projektphasen) täglichen Turnus handeln.

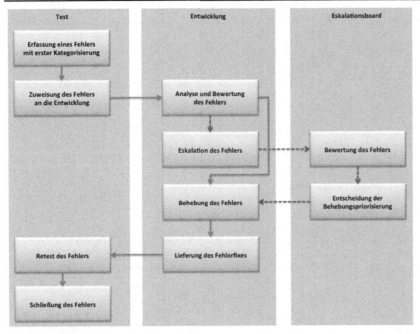

Abbildung 8-3:   Eskalationsprozess

Welche Instanzen an der Eskalation beteiligt sind, ist abhängig von der Projekteinrichtung und von der Ausrichtung der verschiedenen Rollen.

Beteiligt sind auf jeden Fall:

– Projektleitung/Programmleitung
– Testmanagement
– Testbetrieb
– Fachseite/Auftraggeber
– Lieferant

Zielsetzung des Eskalationsboards ist, dass auf korrekte und pragmatische Weise Entscheidungen herbeigeführt werden und so der Projektfortschritt beschleunigt wird.

9 Testumgebung

Das Thema *Testumgebung* ist ein eher zwiespältiges. Während man als Testmanager für nahezu jeden Testzweck eine eigene Testumgebung fordert, sieht das Management zunächst nur die Investitionen, die verschiedene Testumgebungen und deren Betrieb mit sich bringen.

Dieses Kapitel soll zeigen, welche grundsätzlichen Systemlandschaften in SAP-Projekten denkbar sind, wobei dieses Kapitel keine Vollständigkeit darstellen soll und kann.

Da Testumgebungen hauptsächlich von den zu testenden Applikationen abhängen, gehen wir in diesem Kapitel direkt auf Testumgebungen im Bereich SAP-Banking ein.

9.1 Grundprinzipien einer Testumgebung

Eine Testumgebung ist die Infrastruktur, die zum Testen von Software genutzt wird. Dabei sollte sie folgende zwei Grundprinzipien erfüllen:

– Die Testumgebung muss von der Produktionsumgebung getrennt sein, damit die zu testende Software keinen Schaden für den produktiven Betrieb anrichten kann.
– Die Testumgebung muss weitestgehend der Produktionsumgebung gleichen, damit Probleme bereits im Test erkannt und behoben werden können.

9.2 Grundsätzlicher Aufbau eines SAP-Systems

Ein System beinhaltet die Basis- und Anwendungsbasis (technische Grundlagen und Grundeinstellungen), die Entwicklungsobjekte der SAP, von Partnern und Kunden, mandantenübergreifende Einstellungen und einen bzw. mehrere Mandanten.

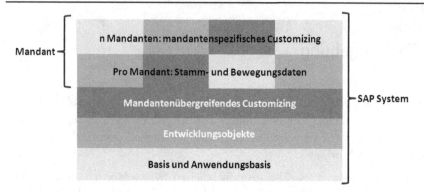

Abbildung 9-1:   Schematischer Aufbau eines SAP Systems

Ein SAP-System ist ein logisches System das unabhängig von Hardware, Betriebs-system und Datenbank definiert ist. Entwicklungsobjekte (Programme) sind im SAP-System nur einmal vorhanden und gelten für alle Mandanten.

Ein Mandant ist eine datentechnisch abgeschlossene Einheit innerhalb eines SAP-Systems mit getrennten Stammsätzen und einem eigenständigen Satz von Tabel-len. Jeder Mandant verfügt über eine eigene Datenhaltung und ist von den ande-ren Mandanten authorisationstechnisch unabhängig. Es ist möglich unabhängige Institute parallel auf Mandanten zu betreiben. Die Produktion wird pro SAP-Landschaft in einem Mandanten abgebildet.

Jedes SAP System hat von Haus aus vorgegebene, nicht zu ändernde Mandanten, die u.a. für die Wartung bzw. Fehlerbehebung durch die SAP erforderlich sind. Der erste Mandant ist Mandant 000. Dieser Mandant stellt ein Test-Unternehmen dar. Er enthält alle Standard-Konfigurationen, Parameter, Standard-Transaktionen, etc., die normalerweise im SAP R/3 Umfeld eingesetzt werden.

Dann gibt es noch Mandant 001. Dieser Mandant ist eine Kopie des Mandanten 000. Er dient der Vorbereitung für die Produktion. Er kann individuell angepasst werden, um dann in die Produktionsumgebung transportiert zu werden.

Als dritter und letzter vorgegebener Mandant ist Mandant 066. Dieser Mandant wird für den "Early Watch"-Service für Kunden-Systeme benötigt.

In der folgenden Tabelle werden weitere Mandanten aufgelistet, die in einem SAP Projekt vorhanden sein können:

Tabelle 9-1:   **Projektspezifische Mandanten**

Klassifizierung/ Fehlerschwere	Beschreibung
Customizing-Mandant	Enthält nur Customizing-Einstellungen
	Keine Stammdaten und Bewegungsdaten; Erfassung von Daten ist streng verboten. Der Mandant dient als Kopiervorlage, wenn Daten erfasst sind ist dies nicht mehr möglich
	Die Projekte können zusätzlich zum Customizing auch strukturgebende Stammdaten zulassen (z.B. Kontenplan, etc.), die kopiert werden sollen; die Transportierbarkeit derartiger Daten ist zu beachten.
	Hier liegt die Grundlage für die Versorgung von Integrationssystem und Produktionssystem und der anderen Mandanten.
	Es sollten nur eine begrenzte Anzahl von Usern mit Customizing-Berechtigungen zugelassen werden.
Entwicklungsmandant	Grundlage für die Entwicklung; hier können Daten erfasst werden und erste Entwicklungstests vorgenommen werden
	Entwickler mit Entwicklungsberechtigung
	Grundlage für die Versorgung von Integrationssystem und Produktionssystem
	Versorgung mit Customizing aus dem Customizing Master Mandant über:
	* Transportaufträge
	* Customizingableich (SCC1[16])
	Ggf. regelmäßiger Refresh aus dem Customizing Master Mandanten
Berechtigungsmandant	Enthält die zentralen Einstellung für produktionsorientierte Berechtigungen und kann ggf. mit dem Master Customizing-Mandant zusammengelegt werden
	Grundlage für den Aufbau weiterer Mandanten mit Berechtigungen und Usern z.B. bei Einsatz der zentra-

---

16 Die Transaktion SCC1 - Kopie gemäß Transportauftrag - wird immer dann verwendet, wenn in einem Mandanten gecustomized und in einem anderen getestet wird. Dann muss man nämlich den (noch offenen) Transportauftrag in den anderen Mandanten importieren.

Klassifizierung/ Fehlerschwere	Beschreibung
	len Benutzerverwaltung der SAP Grundlage für die Versorgung von Integrationssystem und Produktionssystem und der anderen Mandanten mit den Produktionsberechtigungen
Integrationstest-mandant	Letzte Stufe vor der Produktion
	Tests komplexer Geschäftsvorfälle unter Anbindung aller relevanten Systeme
Zweckbezogene Einzel-test-Mandanten	Für Tests z.B. von Customizing, Schnittstellen, Migra-tion, …

9.2.1   4-Systemlandschaft

In SAP-Einführungsprojekten wird in der Regel eine 4-stufige Systemlandschaft genutzt mit dem folgenden Standardaufbau:

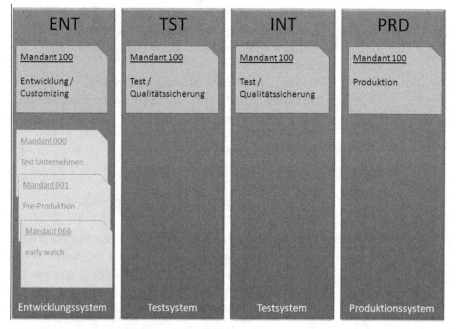

Abbildung 9-2:   **SAP 4-System-Landschaft**

9.2.1.1 Entwicklung (ENT)

Die Entwicklungsumgebung dient als zentrale Umgebung für alle Änderungen und Anpassungen, die in die Systemlandschaft integriert werden sollen. Hierzu zählen neben kundenspezifischen Entwicklungen insbesondere auch die Hinweise und Änderungen, die durch SAP geliefert werden. Auch Customizing-Einstellungen werden in dieser Umgebung initial integriert.

Auf dieser Ebene findet auch ein rein funktional orientierter Entwicklertest statt, der die Schnittstellen zu anderen direkt betroffenen SAP-Funktionen überblickartig beinhaltet. Schnittstellen außerhalb der SAP-Umgebung werden nicht getestet.

Die Entwicklungsumgebung ist lediglich ein funktionales Abbild der Produktionsumgebung. Kundendaten werden nur exemplarisch zur Verfügung gestellt bzw. für den einzelnen Entwicklertest speziell erstellt.

9.2.1.2 Referenz (TST)

Im Referenz- oder Qualitätssicherungssystem findet der erste strukturierte Test der neu zu implementierenden Funktionalität oder Änderung statt.

Diese Umgebung beinhaltet ebenfalls nur exemplarische oder für den speziellen Test bereitgestellte Daten. Hier steht auch die Sicherstellung der Schnittstellenfunktionalität innerhalb der SAP-Landschaft im Fokus.

Während freigegebene Änderungen aus dem Entwicklungssystem regelmäßig, gegebenenfalls mehrmals täglich, in das Referenz-System importiert werden, findet ein Transport aus dem Referenz- in das Integrations-System (Abnahmesystem) erst nach expliziter Freigabe (mindestens aber durch die Einhaltung von Mindeststandards hinsichtlich der Dokumentation) durch das Testmanagement statt. Dieser Transportweg unterliegt somit der Hoheit des Change Managements der Produktionsumgebung.

Besonderen Stellenwert hat neben dem funktionalen Test auch die Integration in das übergreifende, fachliche Monitoring (End-to-End Monitoring oder Business Process Monitoring), das in dieser Umgebung ebenfalls mit getestet wird. Dies ist erforderlich, um einen reibungslosen und effizienten Applikationsbetrieb zu gewährleisten.

Das Referenz-System entspricht im technischen Leistungsumfang in etwa dem Entwicklungssystem.

9.2.1.3 Integration (INT)

Die Integrations- und Abnahmeumgebung stellt die letzte Stufe vor der Produktion dar.

Für die Tests sollten ausreichend viele anonymisierte Kundendaten zur Verfügung stehen, um zum einen alle erforderlichen Besonderheiten der in der Produktion befindlichen Kombinationen von Produkten und Services je Business Partner abzubilden und zum anderen Tests durchzuführen, die Aussagen hinsichtlich der Performance (z.B. Durchsatz, Antwortzeiten) der Produktionsumgebung zulassen.

Änderungen werden in diese Umgebung regelmäßig in einem abgestimmten Turnus, importiert, um einen reibungslosen Testablauf zu gewährleisten.

Die Integrations- und Abnahmeumgebung ist grundsätzlich wie ein Produktionssystem zu behandeln und unterscheidet sich lediglich in den konkreten Verfügbarkeitsanforderungen von der Produktionsumgebung. Dies spiegelt sich auch in den Berechtigungen wider. Während die Entwickler in den Entwicklungssystemen weit reichende Rechte besitzen, werden diese bereits im Referenzsystem deutlich reduziert. Im Integrationssystem besitzen Entwickler hingegen maximal Anzeigeberechtigungen[17], um sicherzustellen, dass ein automatisierter Produktionsablauf gewährleistet ist. Lediglich in Ausnahmesituationen ist von dieser Regelung Abstand zu nehmen, bedarf in diesem Fall aber der expliziten Genehmigung des Change Managements.

Die Integrations-Umgebung dient im Wesentlichen als Integrationstest-, Lasttest- und Abnahmeumgebung. Nach dem Go-Live (Steady State) kommt außerdem die Nutzung als Regressionstestumgebung hinzu.

In der Integrations-Umgebung findet in einem abgestimmten Turnus Tagesendeverarbeitungen (TEV) statt.

Es ist anzustreben, dass bereits in der Integrations-Umgebung das vollständige Monitoring (inklusive End-to–End bzw. Business Process Monitoring) verfügbar ist und genutzt wird. Ebenso sind alle zur System- und Anwendungsautomation erforderlichen Werkzeuge (z.B. Jobscheduler, ggf. Systemautomation) installiert und integriert. Deren Einstellungen werden in dieser Umgebung ebenfalls mit getestet.

Die Integrations-Umgebung dient auch als Analysesystem, um Fehlerbilder innerhalb der Produktion nachzustellen und nach deren Behebung zu testen.

9.2.1.4 Produktion (PRD)

Das Produktionssystem ist das zentrale zu betreibende System. Hier erfolgt die Haltung der Kundendaten und der Transaktionen, sowie deren Historie.

Diese Produktionssystemlandschaft unterliegt besonderem Schutz hinsichtlich Zugriffsrechten und Änderungsmöglichkeiten

---

17 Anmerkung: in Sonderfällen sind erweiterte Berechtigungen für Debugging erforderlich; empfohlene Lösung: Definition von Notfall-User mit entsprechender Berechtigung

9.2.2   3-System-Landschaft

Im Gegensatz zur 4-System-Landschaft bildet die 3-System-Landschaft den SAP-Standard. Bei der sogenannten 3-System-Landschaft bedeutet dies, dass jeder zentrale Mandant auf einem eigenen System vorhanden ist.

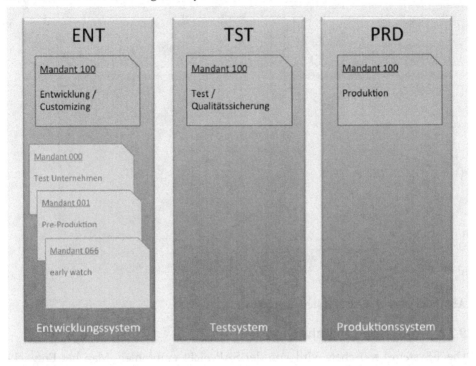

Abbildung 9-3:   SAP 3-System-Landschaft

9.2.3   2-System-Landschaft

In der 2-System-Landschaft wird auf das separate Testsystem verzichtet. Der Testmandant wird ebenfalls im Entwicklungssystem untergebracht.

Der Produktivmandant ist – wie in der 3-System-Landschaft – ebenfalls vollständig von den anderen Mandanten getrennt. Die Nachteile einer 2-System-Landschaft liegen darin, dass mandantenunabhängige Daten im Customizing- und Testmandanten gemeinsam genutzt werden. Änderungen an mandantenunabhängigen Daten, die im Customizing-Mandanten durchgeführt werden, können die Tests im Testmandanten behindern. Außerdem kann die Vollständigkeit der Transporte aus dem Customizing-Mandanten nicht vollständig sichergestellt werden. Nach dem Transport in den Produktivmandanten können dort Fehler auftreten, obwohl alle

Tests im Testmandanten erfolgreich waren. Dies wird durch noch nicht transportierte Änderungen an mandantenunabhängigen Daten verursacht.

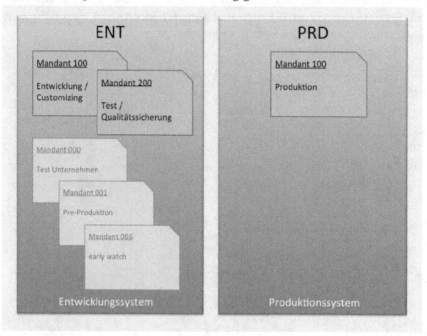

Abbildung 9-4:   SAP 2-System-Landschaft

9.2.4   1-System-Landschaft

Die 1-System-Landschaft wird von der SAP nicht empfohlen. Man hat Entwicklung, Test und Produktion auf einem SAP-System.

Durch die gemeinsame Nutzung von Hardwareressourcen und mandantenunabhängigen Daten ergeben sich für den Betrieb eines einzelnen Systems eine Reihe gravierender Einschränkungen. Insbesondere können nach Produktivstart keine weiteren Entwicklungen mehr vorgenommen werden, es sei denn, der Produktivbetrieb wird für die Dauer einer Entwicklungs- und anschließender Testphase gestoppt.

9.3   SAP Transportwesen

Mit dem SAP-Transportwesen kann man die Transporte zwischen den SAP-Systemen organisieren. Dabei ist ein Transportweg zu definieren, der i.d.R vom Entwicklungssystem über das Testsystem in die Produktion führt. Über dieses Tool wird die Verteilung von Software (Releases, Patches, Eigenentwicklungen, SAP Korrekturen etc.) über die Systemlandschaft koordiniert.

Ein falsches Konzept oder eine lückenhafte Umsetzung können gravierende Auswirkungen auf das gesamte SAP-System haben, die sowohl die Ordnungsmäßigkeit als auch die Stabilität des Produktivsystems gefährden können.

Es gibt folgende zu beachtende (Transport)-objekte/Daten:

– Customizingobjekte
  • Mandantenübergreifendes Customizing
  • Mandantenspezifisches Customizing
– Entwicklungsobjekte
– (Stammdaten werden grundsätzlich nicht transportiert)
– (Bewegungsdaten werden grundsätzlich nicht transportiert)

Im SAP-Korrektur- und Transportwesen kann durch die Anlage von Projekten eine Strukturierung des Transportwesens vorgenommen werden. Eine mögliche Unterteilung im SAP-Korrektur- und Transportwesen könnte wie folgt aussehen:

Projekte für Customizing-Aufträge

– Projekt Infrastruktur
– Projekt Betrieb
– Projekt Migration
– Projekt SAP Customizing

Projekte für Workbench-Aufträge

– Projekt Infrastruktur
– Projekt Betrieb
– Projekt Schnittstellen
– Projekt Migration
– Projekt SAP Entwicklung

Da wir Testmanager sind und keine Technical Consultants, werden wir hier nicht weiter auf das Transportwesen eingehen. Für uns ist es lediglich das Vehikel, das uns die SAP-Software in die Testumgebung und später in die Produktion bringt. Darüber hinaus gibt es bereits zahlreiche Literatur zu diesem Thema.

9.4 SAP-Testumgebungen und ihre Testziele

In diesem Kapitel möchten wir aufzeigen, welche Testziele mit welchen Testumgebungen erreicht werden können.

Klassische Testziele sind:

– Funktionaler Test der Software
– Non funktionaler Test der Software/Infrastruktur
– Test der Anwenderrollen und Berechtigungen

Sofern man ein Projekt so aufsetzt, dass man die einzelnen Phasen und deren Inhalte detailliert konzipieren und ganz normal sequentiell planen darf, könnte man diese Testziele auf **einer** Testumgebung mit dezidierten Testzeiten durchführen. In der realen Projektwelt sieht das aber anders aus. Hier ist meistens der Einführungstermin vorgegeben und alle dazu erforderlichen Aktivitäten werden von diesem Termin zurück gerechnet.

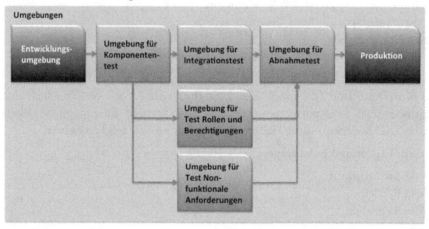

Abbildung 9-5:   **Schematische Darstellung der Testumgebungen**

Das führt oft dazu, dass Tests **parallelisiert** werden müssen, um alles testen zu können, was für die Produktivsetzung zwingend erforderlich ist. Daher ist bei der Konzeption der Testumgebung zu berücksichtigen, dass man parallel mindestens drei Testumgebungen aufbauen und betreiben muss, in SAP-Projekten teilweise mehr, da sowohl für das Entwicklungsteam eine Testumgebung für den Komponententest erforderlich ist als auch für das Testteam eine für den System- bzw. Abnahmetest.

Die Parallelität ergibt sich einfach daraus, dass sich Testziele u.a. gegenseitig stören. Beispielsweise macht es keinen Sinn, auf einer Umgebung funktionale Tests und die Tests der Rollen und Berechtigungen gemeinsam zu testen, da man im Fehlerfall prüfen muss, ob der Fehler auf Basis eines Programmier- oder eines Berechtigungsfehlers entstanden ist. Das erhöht den Analyseaufwand. Testet man beide Themen getrennt, ist die Fehleranalyse zielgerichteter.

Beim Test der Non-funktionalen Anforderungen ist die Besonderheit, dass man hier eine Umgebung benötigt, die der späteren Produktionsumgebung ähnelt – besser sogar gleicht. Es gilt hierbei festzustellen, ob die Dimensionierung der Umgebung für einen Produktionsbetrieb ausreichend ist. Dies kann am besten auf einer produktionsähnlichen Infrastruktur getestet werden.

10   Testdatenmanagement

10.1   Vorbemerkungen

Die Basis beim Testen von neuen Anwendungen bilden die Daten. Am besten kann man die Funktionsfähigkeit der neu entwickelten Anwendung anhand von Echtdaten, also Daten aus der Produktion, bewerten. Man kennt das Verhalten der alten Anwendung und erwartet bei gleichen Datenkonstellationen vergleichbare Ergebnisse mit der neuen Anwendung. Daher wäre es für den Test am Besten, eine Kopie der Produktionsdaten zu nutzen.

Bei der Nutzung von Echtdaten kommt aber zwingend der Datenschutz ins Spiel, da sich diese Daten auf reale Geschäfte und Personen beziehen und man damit großen Schaden anrichten kann.

Verstöße gegen den Datenschutz sind derzeit in den Nachrichten allgegenwärtig. Sie berichten über „wie auch immer erworbene" Daten und deren ungewollten Veröffentlichung, über Datenmissstände bis hin zu Erpressungen. Viel schwerer als die Sanktionen, die mit den nun offenkundig gewordenen Verstößen gegen den Datenschutz verbunden sind, wiegen der Imageschaden und die sich daraus ergebenden wirtschaftlichen oder materiellen Folgeschäden. Die Häufigkeit dieser Meldungen nimmt zu. Offenkundig ist es einfach, sich brisante Daten zu verschaffen.

Die Alternative zu Echtdaten sind synthetisch erzeugte Daten. Synthetische Daten sind fiktiv und müssen daher nicht geschützt werden. Sie sind auch an den Testfällen orientiert, jederzeit reproduzierbar und spiegeln nicht zwingend einen realen Sachverhalt wider. Weitere Vorteile von synthetischen Testdaten liegen in der Tatsache, dass man die gewünschte Testabdeckung erreicht und Datumswerte so wie benötigt eingestellt werden können. Der Nachteil von synthetischen Testdaten liegt darin, dass der Aufwand für die Generierung von konsistenten Testdaten mit der Komplexität und der Anzahl beteiligter Systeme steigt.

10.2   Testdatenbereitstellung

Die Testdatenbereitstellung lässt sich in zwei Themenblöcke teilen:

- Erzeugung von Testdaten
- Aufgabe der Erzeugung ist es, aktuelle Testdaten (Datenbanken, Dateien, Skripte) bereitzustellen

– Versorgung einer Testumgebung mit Testdaten
– Testdaten werden auf Anforderung in Testumgebungen eingespielt

Die Erzeugung von Testdaten kann auf verschiedenen Wegen erfolgen. Der einfachste Weg ist es, die Daten manuell über die zu testende Anwendung anzulegen. Dies macht natürlich nur dann Sinn, wenn es sich um wenige Testdaten handelt.

Bei größeren Testdatenbeständen spielt Testautomatisierung eine wichtige Rolle. Man ersetzt die manuellen Tätigkeiten bei der Anlage von Testdaten durch Skripte (in SAP-Projekten durch z.B. eCATT[18] Skripte). Diese Skripte können dann jedes Mal ausgeführt werden, wenn Testdaten benötigt werden. Dies macht die Testdaten jederzeit reproduzierbar und mögliche Re-Tests, also das erneute Testdurchführen nach einer Fehlerkorrektur, vergleichbar.

Eine weitere Möglichkeit der Erzeugung von Testdaten ist die Migration. Da mit Einführung der neuen Anwendung meist auch Änderungen in den Datenbankstrukturen oder gar ein Wechsel bei den genutzten Datenbanken einhergeht, müssen für die Produktionsdaten im Rahmen der Softwareentwicklung auch Programme geschrieben werden, die die Daten vom Alt-System ins Neu-System migrieren. Diese Migrationsprogramme können auch genutzt werden, um Testdaten zu generieren. Da hier die Entwicklung der Migrationsprogramme analog der neuen Anwendung erfolgt, hat man erst sehr spät in einem Projekt stabile Migrationsprogramme. Daher kann man hier erst in sehr späten Testphasen auf migrierte Daten bauen.

Somit hat man am Anfang der Tests meist manuell angelegte Testdaten und mit weiterem Verlauf des Projektes und der Tests kommen Skripte für die automatisierte Erzeugung synthetischer Testdaten in Betracht, bevor gegen Ende der Tests auf Migrationsprogramme umgeschwenkt werden sollte.

---

18 eCATT (extended Computer Aided Test Tool) ist die SAP-eigene Entwicklung eines Werkzeugs zur (Software-) Testautomatisierung

11 Abnahmeverfahren

11.1 Quality-Gates: Entry-und Exit-Kriterien

Durch Eingangs- und Ausgangskriterien je Teststufe sollen Aussagen getroffen werden, zu welchem Zeitpunkt die geplanten Tests beginnen können und wann diese als beendet anzusehen sind. Somit stehen zu Beginn und am Ende jeder Teststufe Prüfungsphasen mit Entry- und Exit-Kriterien an. Durch Entry-Kriterien kann zum einen überprüft werden, ob die Software und Parameter die Mindestreife für den Eintritt in die nächste Teststufe erreicht haben, zum anderen dienen sie auch als Kontrollpunkt, um zu verifizieren, ob alle relevanten dokumentarischen Voraussetzungen erfüllt wurden. Ziel ist es auch, die Fehler einer Phase nicht in die nächste Phase zu importieren, sondern sie vielmehr dort zu beheben, wo sie aufgetreten sind. Grundsätzlich sind die Exit-Kriterien einer Teststufe gleichzeitig Entry-Kriterien der darauf folgenden Stufe. Die nachstehende Tabelle verdeutlicht die Vorgehensweise und benennt exemplarisch einzelne Kriterien je Teststufe:

Tabelle 11-1: **Entry- und Exit-Kriterien je Teststufe**

	Komponen-tentest	Integrations-test	Systemtest	Abnahmetest
Entry-Kriterien	Abgestimmte Fachkonzepte Abgeschlossene Programmierung/ Customizing	Exit-Kriterien Komponententest erfüllt Testkonzeption für Integrationstest erstellt	Exit-Kriterien Integrationstest erfüllt Testkonzeption für Systemtest erstellt	Exit-Kriterien Systemtest erfüllt Testkonzeption für Abnahmetest erstellt
Exit-Kriterien	Abgestimmtes DV-Konzept Erfolgreich durchgeführter und dokumentierter Komponententest	Definierte quantitative und qualitative Testendekriterien erfüllt Formale Abnahme Integrationstest liegt vor	Definierte quantitative und qualitative Testendekriterien erfüllt Formale Abnahme Systemtest liegt vor	Definierte quantitative und qualitative Testendekriterien erfüllt Finale Abnahme Abnahmetest liegt vor

11.2   Quantitative und qualitative Testendekriterien

Hier gilt es zunächst nach quantitativen und qualitativen Kriterien zu unterscheiden. Bei quantitativen Testendekriterien dienen oftmals prozentuale Fertigstellungsgrade von Testfällen und/oder Fehlern als Maßstab. Eine solche quantitative Unterteilung könnte wie folgt aussehen:

– Alle Testfälle der Prioritätsstufe „hoch" sind erfolgreich abgeschlossen
– 75 % der Prioritätsstufe „mittel" sind erfolgreich abgeschlossen
– Alle Fehler der Fehlerklasse „sehr hoch" sind gefixt und erfolgreich nachgetestet worden
– Für noch offene Fehler der Fehlerklasse „hoch" existieren „work arounds"

Zusätzlich sollte man hier einen „Blick zurück" werfen und den Erfüllungsgrad der eigens definierten Testziele beurteilen. Dies ist insofern sinnvoll und hilfreich, als man dadurch eine Rückkopplung zwischen messbaren Kriterien und der Qualität der erreichten Ergebnisse erhält. Es wäre sehr verwunderlich, wenn man anhand der quantitativen Kennzahlen einem Wert von 90% erreicht, aber in der Beurteilung der Zielerreichung der Testziele bei 50% liegen würde. Denn letztendlich wurden die Testfälle auf Basis der Testziele abgeleitet.

Da die Praxis lehrt, dass man zum Abnahmetermin nicht immer die Testendekritierien zu 100% erreicht, sollten im Rahmen eines Abnahmeverfahren auch die bis dahin nicht erledigten Testfälle und Fehler beurteilt werden, um entscheiden zu können, ob man mit diesen Einschränkungen/Vorbehalten dennoch den Übergang in die nächste Teststufe wagt. Ein solches Abnahmeverfahren sollte immer in einem Präsenztermin behandelt werden. Die Beurteilung der Zielerreichung sollte schriftlich von den Testteams vorbereitet und im Termin präsentiert werden. Das Testmanagement sollte hierzu einen standardisierten Foliensatz in Form einer Entscheidungsvorlage zur Verfügung stellen. Diese Vorgehensweise ist zwar recht aufwendig und kommunikationsintensiv, ermöglicht aber die notwendige Transparenz zu schaffen, so dass Entscheidungen schnell getroffen werden können.

11.3   Projektbegleitende Qualitätssicherung als wesentlicher Teil der Testprozesssteuerung

In den ersten beiden Kapiteln haben wir gezeigt, wie man mit konkret definierten Kriterien eine strukturierte und standardisierte Abnahme erreichen kann. In diesem Kapitel möchten wir näher darauf eingehen, welche qualitätssichernden Maßnahmen - während des gesamten Testprozesses - eine solche Vorgehensweise begleitend unterstützen.

Hierzu müssen zu Beginn Maßnahmen zur Erreichung der Qualitätsziele und präventive Maßnahmen zur Vermeidung von Qualitätsrisiken geplant werden. Die nachfolgenden Tabellen sollen dies beispielhaft verdeutlichen:

Tabelle 11-2: Qualitätsziele und Maßnahmen für Produkte

Nr.	Qualitätsziele für Produkte	Priorisierung	Maßnahme(n)
1.	Funktionalität: Erfüllung der Anforderungen und Richtigkeit der Ergebnisse	Sehr hoch	Erstellen von Testdurchführungsprotokollen anhand der definierten Testfälle (Fach- und DV-Spezifikationen) und der verwendeten Testdaten
2.	Performance: Antwort- und Verarbeitungszeiten	Hoch	Performancetest
3.	Einheitliche Gestaltung von Dokumenten, Einhaltung der Namenskonventionen	Mittel	Nutzung der vom Testmanagement bereitgestellten Produktmuster; ggf. Anpassung von Produktmustern an projektspezifische Gegebenheiten
4.	Vollständigkeit der Dokumentation	Hoch	Festlegung der zu erstellenden Dokumente

Tabelle 11-3: Qualitätsziele und Maßnahmen für Prozesse

Nr.	Qualitätsziele für Prozesse	Priorisierung	Maßnahme(n)
1.	systematisches Testmanagement: Einhaltung Termine, Kosten, Ressourcen	Hoch	Testkonzeption, Testplanung, Controlling, Kostenkontrolle, Ressourcenplanung
2.	strukturierte Vorgehensweise bei der SW-Entwicklung	Hoch	Erstellen der SW-Produkte entsprechend der vorliegenden Programmierrichtlinien und Namenskonventionen
3.	Änderungsmanagement: Änderungen verfolgen und systematisch managen	Hoch	Projektspezifischen Workflow für CRs etablieren und kommunizieren

Nr.	Qualitätsziele für Prozesse	Priorisierung	Maßnahme(n)
4.	Reviewverfahren: für abnahmerelevante Dokumente	Hoch	Projektspezifischen Workflow für Dokumentenreviews etablieren und kommunizieren
5.	Risikomanagement: Risiken identifizieren und verfolgen, Maßnahmen zur Reduzierung/Vermeidung festlegen	Hoch	Risikoidentifikation und Risikobewertung, Darstellung der Risiken in der Risikoliste

Tabelle 11-4:   **Qualitätsrisiken und Maßnahmen**

Nr.	Qualitätsziele für Prozesse	Eintritts-wahrschein-lichkeit	Maßnahme(n)
1.	Zeitplanung nicht transparent -> interne Planung ist nicht stabil	70%	regelmäßige Eskalation beim Auftraggeber; Einbindung von Bereichsleitung bzw. Entscheidungsgremium; in der Startphase zweimal wöchentlich Abfrage der Arbeitsstatus je Testteam; Führen der offenen Punkte Liste
2.	Aufwandsschätzung (Test, Entwicklung) zu knapp kalkuliert	50%	Meilenstein-Planung, regelmäßige Angabe von Fertigstellungsgraden
3.	Testumfang wird aufgrund von Verzögerungen bei der Entwicklung nicht in gewünschtem Maße umgesetzt	50%	Priorisierung der Testfälle, Anpassen des Testumfangs
4.	Fehlermanagementprozess wird nicht gelebt	40%	Absprache aller Beteiligten, ob Prozess angepasst bzw. besser etabliert werden muss

Nr.	Qualitätsziele für Prozesse	Eintritts-wahrschein-lichkeit	Maßnahme(n)
5.	Testsysteme sind nicht aktuell	25%	regelmäßige Datenaktualisierung; Sicherung der Testdateien; Testsysteme ständig mit aktueller Software versorgen; vor jeder Entwicklung: geforderte Konfiguration ermitteln und auf die Testsysteme bringen

Zusammenfassend lassen sich folgende Aktivitäten für die Phase der Testplanung und Testkonzeption festhalten:

- Analyse der projektspezifischen Qualitätsziele
- Planung der projektspezifischen QS-Maßnahmen
- Erstellung eines Qualitätssicherungsplans (QS-Plan)
- Festlegung der Maßnahmen zur Erreichung der Qualitätsziele für Produkte und Prozesse (Methoden, Werkzeuge, Checklisten etc.)
- Definition von Maßnahmen zur Vermeidung von Qualitätsrisiken
- Bestimmung von analytischen Maßnahmen zum Nachweis der Erfüllung von Qualitätsanforderungen (Reviews, Inspektionen, Walkthroughs, Testverfahren etc.)
- Festlegung von Dokumentationsstandards
- Festlegung, welche Ergebnistypen und Aktivitäten zu prüfen sind (wer, wann, Zustand, z.B. Projektplan)

Für die Phase der Testdurchführung gelten:

- Durchführung der Qualitätssicherung: Einhaltung der Standards, Einhaltung des Plans
- Steuerung und Kontrolle der projektspezifischen QS-Maßnahmen
- Unterstützung der Projektleitung bei Risikoanalysen und Risikoverfolgung
- Früherkennung von Problemen, Risiken, Abweichungen Soll/Ist
- Aufzeigen/Bewertung von Risiken aus Test- /QS-Sicht (Zeit-, Kosten-, Ergebnisrisiken)
- Vorbereitung gezielter Gegenmaßnahmen

11.4   Abnahmeformular

Das Abnahmeformular sollte genau beschreiben, was der Gegenstand der Abnahme ist. Die nächste Tabelle veranschaulicht, welche Informationen unserer Meinung nach aufgeführt werden sollten:

Tabelle 11-5:   Inhalte des Abnahmeformulars

Thema	Beschreibung
Teststufe	Bezeichnung der jeweiligen Teststufe
SAP System/SAP Modul/ Anwendung/Programme	Bezeichnung des jeweiligen SAP-Systems/SAP Moduls oder auch SAP-Anwendung
Testumgebung	Bezeichnung der Testumgebung inkl. SAP-Mandanten
Verantwortlichkeit	Bezeichnung der Organisationseinheit der fachlich und technisch Verantwortlichen
Grundlagen der abzunehmenden Teststufe	Bezeichnung der testrelevanten Basisdokumente und der erstellten Testkonzepte/Testfälle
Einschränkungen/Vorbehalte	Genaue Auflistung der Einschränkungen und Erläuterung, wie und in welchem Zeitraum diese behoben werden sollen
Unterschrift	Datum und Unterschrift der fachlich und technisch Verantwortlichen

12 Risiken, Abhängigkeiten und parallele Testaktivitäten

12.1 Initialisierung des Risikomanagements

Innerhalb der Projektarbeit ist das Risikomanagement ein zyklischer Prozess. Nach der zunächst anstehenden Identifizierung werden die Risiken anschließend bewertet und priorisiert, geeignete Maßnahmen zur Verhinderung des Eintretens der Risiken bzw. zur Verminderung der Eintrittswahrscheinlichkeit der Risiken werden erarbeitet und anschließend umgesetzt. Im Rahmen des Projektcontrollings werden zusätzlich die Risiken periodisch überwacht. Regelmäßig und bei außerordentlichem Bedarf, zum Beispiel durch neue Arbeitspakete oder größere Änderungen, wird erneut eine Risikoanalyse durchgeführt.

Abbildung 12-1: Risikomanagementprozess

Das Risikomanagement ist also in folgenden Situationen anzuwenden:

– Die Identifizierung der einzelnen Projektrisiken.
– Die Bewertung und Analyse der identifizierten Projektrisiken.
– Die Einordnung und Priorisierung dieser Projektrisiken.
– Die Maßnahmenfestlegung zur Verhinderung des Eintretens der Projektrisiken.
– Die Durchführung der festgelegten Gegenmaßnahmen.

– Die laufende Überwachung der Projektrisiken.

Beim Aufsetzen des Risikomanagements gilt das Ziel: Vorbereitung, Planung und Start eines fest definierten Prozesses zur Durchführung des Risikomanagements im Projekt. Durch die Schaffung grundlegender Voraussetzungen wird bereits an dieser Stelle der Grundstein für ein erfolgreiches Risikomanagement im Projekt gelegt. Durch die Schaffung der „Voraussetzungen" für den Prozess wird ein reibungsloser Ablauf und Start des Prozesses gewährleistet. Die Einbettung in den gesamten Projektprozess erfolgt in Verbindung mit der Zeitplanung, den Ressourcen und den Kosten des gesamten Projektes.

12.2   Risiken identifizieren

Ziel ist das umfassende und rechtzeitige Erkennen potentieller Projektrisiken mit Hilfe eines strukturierten und konsistenten Ansatzes. Dabei soll vor allem die Unsicherheit hinsichtlich des „Vergessens" potentieller Projektrisiken beseitigt oder entscheidend vermindert werden.

Es gibt eine große Anzahl an möglichen Projektrisiken die von verschiedenen Faktoren abhängen, wie zum Beispiel Projektinhalt, Umfeld, Personal usw. Folgende Projektrisikogruppen treten dabei häufig auf:

– Risiken aus Projektauftrag, Aufgabenstellung und Ziele
– Risiken aus Organisation und Management
– Risiken aus Projektcharakteristika
– Risiken aus Projektleitung und Mitarbeiter
– Risiken aus Projektplanung und Controlling
– Risiken aus Beteiligung des Kunden, Endanwenders und Subunternehmern
– Risiken aus Entwicklungsprozess, Rollout, Betrieb
– Risiken aus Wartung, Pflege und Änderungen
– Risiken aus Qualitätssicherung
– Risiken aus Konfigurationsmanagement
– Risiken aufgrund gesetzlicher Grundlagen und Richtlinien
– Risiken aus der Infrastruktur

12.3   Methoden und Vorgehensweisen zur Identifizierung von Projektrisiken

Zweck dieser Aktivität ist es, eine formelle Liste aller möglichen Risiken zu erstellen. Die Sammlung der Risiken wird erleichtert durch die gleichzeitige Anwendung verschiedener Methoden.

Üblicherweise werden die Risiken im Projektteam in Form eines Brainstormings ermittelt. Außerdem sind folgende Methoden und Vorgehensweisen zur Identifizierung von Projektrisiken möglich. Nutzen Sie die für Ihr konkretes Projekt passenden Methoden zusätzlich zu dem Brainstorming im Projektteam.

Eine geeignete Basis für die Risikoanalyse ist dabei stets die Projektstruktur mit den (Haupt-) Arbeitspaketen, aus denen das Projekt besteht.

Tabelle 12-1:   **Vorgehensweise bei der Ermittlung von Risiken**

Methode	Vorgehensweise	Risikoarten
Mitarbeiterbefragung	Interviews erfahrener und fachkundiger Mitarbeiter, Brainstorming Sitzungen	Alle Risiken
Studium abgeschlossener Projekte	Review von Dokumentationen der Risikoanalysen aus ähnlichen Projekten	Alle Risiken
Besichtigungsanalyse	Inspektion von Anlagen vor Ort und des geplanten Aufbauortes	Technische Risiken
Organisationsanalyse	Prüfung von Organisationsplänen, Verantwortlichkeiten, Qualifikationen, Kompetenzen	Organisatorische Risiken
Anforderungsanalyse, Dokumentationsanalyse	Erstellung von Machbarkeitsstudien, Analyse der technischen Dokumente, Projektstrukturplan, Projektpläne	Technische Risiken Terminrisiken Ressourcenrisiken
Analyse relevanter Vorschriften	Review von Normen, Gesetzen und Bestimmungen	Alle Risiken
Annahmeanalyse	Was wäre wenn? Sitzungen im Projektteam durchführen	Alle Risiken
Einsatz von Checklisten	Erstellung projektbezogener Checklisten	Alle Risiken
Analyse von Kundenunterlagen	Prüfung von Ausschreibungen, Verhandlungsergebnissen, Vertragsentwürfen und Verträgen	Vertragsrisiken

Für jedes identifizierte Risiko werden Möglichkeiten, Ideen und Wege zur Minderung des Risikos mit den Projektbeteiligten diskutiert. Daraus werden dann die passenden, gangbaren und effektiven Korrekturmaßnahmen ausgewählt, die durchgeführt und im Rahmen von Reviews einer laufenden Kontrolle unterzogen werden.

Nachdem die ausgewählten Risikoreduzierungsmaßnahmen vom Projektteam, vom Projektmanager und bei sehr hohen Risiken auch von einem Lenkungskreis geprüft und akzeptiert wurden, wird der späteste Termin zur Einführung des Risikoreduzierungsplans festgelegt und dementsprechend gehandelt. Risikoreduzierungstechniken können sehr unterschiedlich sein, daher ist es wenig sinnvoll, konkrete Vorgehensweisen hier festzulegen. Risikoreduzierungspläne werden jeweils von Fall zu Fall beschlossen.

Typische Maßnahmen zur Risikominderung sind:

– Qualitätssicherungsmaßnahmen
– Design Reviews
– Einsatz erfahrener Projektteammitglieder

Falls ein Risiko nicht oder nicht effektiv angegangen werden kann, ist es eine sinnvolle Strategie, dieses Risiko zu akzeptieren.

12.4   Risikoüberwachung und -verfolgung

Um sicherzustellen, dass die Risikoreduzierungspläne effektiv sind, ist eine kontinuierliche Überwachung der einzelnen festgelegten Risikostrategien für die hoch priorisierten Risiken erforderlich. Dadurch können Abweichungen und Steuerungsbedarf frühzeitig erkannt und somit rechtzeitig gegengesteuert werden. Im Rahmen der Risikoüberwachung sind aber auch die Risiken, die bisher nicht auf Priorität *Hoch* eingestuft wurden kontinuierlich auf ihre Einstufung hin zu überprüfen.

Durch die laufende Verfolgung und –überwachung der Risiken werden Abweichungen und Steuerungsbedarf frühzeitig erkannt, so dass entsprechende Maßnahmen ergriffen werden können. Aufgrund der Durchführung von Reviews wird sichergestellt, dass alle Entscheidungsträger bzw. Beteiligten stets über den aktuellen Stand des Risikomanagements im Projekt informiert sind.

Im Rahmen regelmäßiger Risk-Reviews wird die Umsetzung der definierten Risikostrategie für hoch eingestufte Risiken überwacht, die Durchführung und der Erfolg der geplanten Maßnahmen wird an dieser Stelle kontrolliert. Durch die Analyse der Wirksamkeit der einzelnen Risikominderungspläne, wird der laufende Ist-Zustand analysiert und gegebenenfalls werden zusätzliche Maßnahmen bestimmt, um den Erfolg der Risikominimierungsstrategie sicherzustellen.

12.5 Abhängigkeiten und parallele Testaktivitäten

Analog zu den Risiken sind auch weitere Abhängigkeiten (z.B. Service Packs, Hot Fixes) und parallele Testaktivitäten (z.B. konkurrierende Projekte, „normale Releasezyklen") in der Zeit- und Ressourcenplanung zu berücksichtigen. Wenn es innerhalb der Projektlaufzeit erforderlich wird, spezielle Service Packs[19] einzuspielen, bedarf dies einer engen Abstimmung bzgl. der Zeitplanung und der Berücksichtigung dieses Zeitfensters in der Testplanung. Einige Projektmitarbeiter können zusätzlich bei diesen parallel laufenden Aktivitäten eingebunden sein.

Daher sind mögliche zeitliche und ressourcentechnische (Personen und Technik) Auswirkungen auf das eigene Projekt immer im Auge zu behalten und ggfs. zu berücksichtigen.

---

19 Support Packs sind Updates am SAP-Standard, die in regelmäßigen Abständen von SAP geliefert werden.

13 Anhang

13.1 Ziel- und Inhaltsdefinition der Testdokumente (IEEE 829)

Tabelle 13-1:   Ziel- und Inhaltsdefinition der Testdokumente

Test-phasen	Testdo-kument	Ziel/Inhalt
Testplanung	Testplan	In einem Testplan sind Umfang, Ansatz, Ressourcen und Zeitplan der Testaktivitäten, die zu testenden Testobjekte und Leistungsmerkmale, auszuführende Testtätigkeiten, Verantwortlichkeiten und zugehörige Risiken zu beschreiben.
		Konkrete Inhalte:
		Testplan ID
		Einleitung
		zu testende Objekte
		zu testende Leistungsmerkmale
		nicht zu testende Leistungsmerkmale
		Teststrategie
		Pass/Fail
		Kriterien für Testunterbrechung und -fortsetzung
		Ergebnisdokumente
		Testtätigkeiten
		Testumgebung
		Verantwortlichkeiten
		Personal
		Zeitplan
		Risikomanagement
		Genehmigung

Test-phasen	Testdo-kument	Ziel/Inhalt
Testspezifikation	Testentwurfs-spezifikation	Ziel der Testentwurfsspezifikation ist die Verfeinerung des Testansatzes anzugeben und die zu testenden Leistungs-merkmale und ihre zugehörigen Tests zu identifizieren. Konkrete Inhalte: Testentwurfsspezifikation ID Zu testende Leistungsmerkmale Testverfahren (z.B. spezielle Testtechniken) Testfallspezifikationen und Testverfahrensspezifikationen Pass/Fail Kriterien
	Testfallspezifikation	Ziel einer Testfallspezifikation ist, einen in einer Testent-wurfsspezifikation bezeichneten Testfall zu definieren. Konkrete Inhalte: Testfallspezifikation ID Testobjekte Eingaben (z.B. Eingabewerte mit Toleranzen) Ausgaben benötigte Testumgebung (Hardware, Software und sonstige Anforderungen) Besonderheiten (z.B. spezielle Ausführungsvorschriften) Abhängigkeiten (von anderen Testfällen)
	Testverfahrens-spezifikation	Das Ziel einer Testverfahrensspezifikation ist die Einzel-schritte für die Ausführung einer Menge von Testfällen zu spezifizieren. Konkrete Inhalte: Testverfahrensspezifikation ID Testziel (Zweck der Testverfahrensspezifikation) spezielle Anforderungen Einzelschritte bei der Ausführung

Test-phasen	Testdo-kument	Ziel/Inhalt
	Übergabebericht	Das Ziel des Übergabeberichts ist die Identifikation der Testobjekte, die vom Entwicklerteam an das Testteam übergeben werden. Es enthält die verantwortliche Person für jedes Testobjekt, den Ablageort und den Zustand. Konkrete Inhalte: Übergabebericht ID Inhalt der Lieferung Ablageort Zustand Genehmigungen
Testprotokollierung	Testprotokoll	In einem Testprotokoll werden die relevanten Informationen über die Durchführung der Tests festgehalten. Konkrete Inhalte: Testprotokoll ID Beschreibung der Testobjekte Aufstellung der durchgeführten Testfälle: Ausführung, Ergebnisse, Testumgebung, unerwartete Ereignisse, Testvorfall ID
Testauswertung/Testende	Testvorfallbericht	Das Ziel des Testvorfallberichts ist, jeden während der Testprozessdurchführung aufgetretenen Vorfall inhaltlich zu dokumentieren, der einer weiteren Untersuchung bedarf. Konkrete Inhalte: Testvorfallbericht ID Zusammenfassung Beschreibung Auswirkungen

Test-phasen	Testdo-kument	Ziel/Inhalt
	Testergebnisbericht	Das Ziel des Testergebnisberichts ist, die Ergebnisse aller durchgeführten Testaktivitäten in einem Ergebnisdokument zusammenzufassen und zu bewerten. Konkrete Inhalte: * Testergebnisbericht ID * Zusammenfassung * Abweichungen * Testumfang * Testergebnisse * Bewertung * Testaktivitäten * Genehmigung

13.2 Beispiele für Templates

13.2.1 Testendebericht

Testendebericht

So.is.it

Projektname	Projektnummer	Projektleiter	Testmanager	Datum

Beschreibung zum Testverlauf (summary)	
Abweichung von Testvorgaben (variances)	
Vollständigkeit der Testaus-wahl (comprehensive ness assessment)	
Ergebnis-übersicht (summary of results)	
Evaluierung (evaluation)	
Aktivitäten-übericht (summary of activities)	

Freigabe (approval)	
	Unterschrift Testmanager

Abbildung 13-1: Schematisches Beispiel für einen Testendebericht

13.2.2 Testszenariobeschreibung

Testszenariobeschreibung

So.is.it

Projektname	Projektnr.	Testmanager	Testobjekt Verantwortlicher	Erstellungsdatum

Testhierarchie	
Testobjekt	
Testgruppe	
Testfall	

Allgemeine Beschreibung der zu testenden Inhalte

Freigabe (approval)	
	Unterschrift Testmanager

Abbildung 13-2: **Schematisches Beispiel für einen Testszenariobeschreibung**

13.2.3 Testfallbeschreibung

Testfallbeschreibung

So.is.it

Testfallnummer	Testfallkurzbeschreibung

Voraussetzungen	
1.	*Konto und Geschäftspartner müssen vorhanden sein*
2.	*Geschäftspartner muss eine juristische Person sein*
3.	...

Testablauf

Schritt	Aktion	Ergebnis Soll	Ergebnis Ist	Ok (J/N)
1.				
2.				
3.				
4.				
5.				
6.				
...				

Ok	Not ok	
Testergebnis (nicht zutreffendes bitte streichen)		Unterschrift Tester

Abbildung 13-3:   Schematisches Beispiel für einen Testfallbeschreibung

13.2.4 Risikoliste

Projektname:		Risikoliste
Datenklassifizierung:	Testmanagement	
	nur für den internen Gebrauch	

Nr.	Risikobeschreibung	Eintritts-wahrscheinlichkeit	Auswirkung	Risikoklasse	Risikofaktor	Kosten	Massnahmen zur Minderung (optional)	Kosten der Minderung (optional)	Erwartete Eintritts-wahrscheinlichkeit (optional)	Erwartete Auswirkung (optional)	erwartete Risikoklasse	erwarteter Risikofaktor (optional)	Bemerkung

Abbildung 13-4:   Beispiel für eine Risikoliste

13.2.5   Besprechungsprotokoll

Besprechungsprotokoll
<Projektname>

So.is.it
Consulting

Bezeichnung:	
Beginn / Ende:	
Ort:	
Datum:	
Leitung:	Name, Vorname
Teilnehmer:	Name, Vorname
	Name, Vorname
	Name, Vorname
	Name, Vorname
Verteiler:	Teilnehmer
	Name, Vorname
	Name, Vorname
	Name, Vorname
	Name, Vorname
Lfd. Nr.	Agenda
1.	Name
2.	Name
3.	Name
4.	Name
5.	Name
6.	Name
7.	Name
8.	Name
9.	Name

Legende :
B = Beschluss
F = Feststellung
A = Aufgabe

Abbildung 13-5:   Beispiel Besprechungsprotokoll – Seite 1

Besprechungsprotokoll
<Projektname>

So.is.it
Consulting

Besprechungsergebnisse

Lfd. Nr. 1	Name		
B / F / A	Person	Beschreibung	Termin

Lfd. Nr. 2	Name		
B / F / A	Person	Beschreibung	Termin

Lfd. Nr. 3	Name		
B / F / A	Person	Beschreibung	Termin

Lfd. Nr. 4	Name		
B / F / A	Person	Beschreibung	Termin

Lfd. Nr. 5	Name		
B / F / A	Person	Beschreibung	Termin

Lfd. Nr. 6	Name		
B / F / A	Person	Beschreibung	Termin

Lfd. Nr. 7	Name		
B / F / A	Person	Beschreibung	Termin

Lfd. Nr. 8	Name		
B / F / A	Person	Beschreibung	Termin

Lfd. Nr. 9	Name		
B / F / A	Person	Beschreibung	Termin

Legende :
B = Beschluss
F = Feststellung
A = Aufgabe

Abbildung 13-6:   Beispiel Besprechungsprotokoll – Seite 2

13.2.6 Teststatusbericht

Teststatusbericht
<Projektname>
KW XY

So.is.it
Consulting

Name:	
Vorname:	
Telefon:	
Datum:	

STATUS Grün	<Projektname>
Testfallstatus	
Fehlerstatus	
Derzeitige Test-Aktivitäten	
Probleme / Risiken	
Entscheidungs- bedarf	

Abbildung 13-7:   Beispiel Teststatusbericht

13.2.7   Testkonzept

Testkonzept
für die Testphase
<Testphase>

<Projektname>

Status
<Status des Dokumentes>

Version 0.1
Stand tt.mm.jjjj

Vorlage_Testkonzept.doc

Abbildung 13-8:   Beispiel Testkonzept – Titelseite

<Projektname>	Testkonzept für die Testphase <Name Testphase>	So.is.it
	Version / Datum gültig ab:	Seite 2 / 9

Inhaltsverzeichnis

Tabellenverzeichnis

(Ggf. hier das Verzeichnis einfügen)

Abbildungsverzeichnis

(Ggf. hier das Verzeichnis einfügen)

Abbildung 13-9:   Beispiel Testkonzept – Inhaltsangabe

<Projektname>	Testkonzept für die Testphase <Name Testphase>	So.is.it
	Version / Datum gültig ab:	Seite 3 / 9

1 Zweck des Dokumentes

In diesem Dokument werden für die Testphase <Name der Testphase> die Testvorgehensweise und –aktivitäten festgelegt, mit denen die aus dem Projekt <Name> resultierenden Qualitätsanforderungen überprüft werden können. Für den Fall, dass Teilaspekte dieses Konzeptes (z.B. Systemumgebung, Geschäftsprozesse, Anforderungen an Testdaten, Risikobetrachtung) schon in anderen Dokumenten berücksichtigt wurden, genügt ein Verweis auf das jeweilige Dokument.

2 Testziele

Hier sollten die qualitativen und quantitativen Ziele beschrieben werden. Hierbei ist insbesondere auf eine möglichst eindeutige Formulierung zu achten, da sonst eine spätere Beurteilung der Zielerreichung erschwert wird.

3 Testumfang

3.1 Betroffene Systeme

Um einen Überblick des Testgegenstandes zu gewinnen, sollte hier eine Projektskizze zur Systemarchitektur eingefügt werden, die dokumentiert, aus welchen Bestandteilen bzw. beteiligten Systemen sich das für die Abnahme relevante Gesamtsystem zusammensetzt.

3.2 Geschäftsprozesse und Funktionen

Hier sind sowohl die Geschäftsprozesse (Haupt- und Teilprozesse), als auch Einzelfunktionen zu dokumentieren, damit neben der Klassifizierung der System-komponenten ebenfalls eine Bewertung der funktionalen Bestandteile vorgenommen werden kann.

Abbildung 13-10:   Beispiel Testkonzept – Beschreibung Testumfang

<Projektname>	Testkonzept für die Testphase <Name Testphase>	⬤ So.is.it
	Version / Datum gültig ab:	Seite 4 / 9

3.3 Spezielle Testobjekte

Hier finden sich oftmals die Themen „Berechtigungs, Last- / Performance- und Archivierungstests wieder. Daher sollte eine kurze Erläuterung erfolgen, wie man mit den Themen in der jeweiligen Testphase umgehen möchte.

Berechtigungstests:

Beispiel 1:

Das Thema „Berechtigungstest" ist im Rahmen des Systemtest ein eigenständiges Testobjekt. Hierfür werden separate Testfälle erstellt. Die Testdurchführung bzgl. der Berechtigungen erfolgt somit separat und ist einem Verantwortlichen zugeordnet.

Beispiel2:

Das Thema „Berechtigungstest" ist im Rahmen des Systemtests kein eigenständiges Testobjekt. Die Überprüfung einer Berechtigung wird als zusätzlicher Testschritt innerhalb eines definierten Testfalls behandelt.

3.4 Nicht zu berücksichtigende Testobjekte

Testobjekte, die definitiv vom Test ausgeschlossen werden sollen, sollten unter Angabe einer Begründung, an dieser Stelle aufgeführt werden.

4 Abgrenzung und Klassifizierung der Testobjekte

In diesem Kapitel sollte eine Einteilung in Testobjekte auf Basis der fachlichen Vorgaben (Fachkonzept, Geschäftsprozesse) erfolgen. Dabei sollte die komplette Anwendung in überschaubare Testeinheiten unterteilt werden, die jeweils separat testbar sind. Diese werden in einer Testobjektliste zusammengestellt, welche Bestandteil des Testplans ist.

Anhand fachlicher Kriterien sollte dann eine Zuordnung eines jeden Testobjekts zu einer Risikoklasse erfolgen. Die Kriterien für die Beurteilung richten sich in jedem Fall nach den speziellen Gegebenheiten der zu testenden Software.

Abbildung 13-11:   Beispiel Testkonzept – Beschreibung Testobjekte und Testabgrenzung

<Projektname>	Testkonzept für die Testphase <Name Testphase>	So.is.it
	Version / Datum gültig ab:	Seite 5 / 9

Z.B.:

Kriterien	Risikoklasse		
	A = hoch	B = mittel	C = gering
1. Verarbeitungsart	Berechnung	Bestandsänderung	Anzeige
2. Außenwirkung	Kunde geht verloren	Kunde beschwert sich	nur interne Wirkung
3. Betroffene	viele Kunden	Gruppe von Kunden	einzelner Kunde
4. Häufigkeit der Nutzung	oft (z.B. täglich)	wenig (z.B. monatlich)	selten (z.B. jährlich)
...			

Im Anschluss daran sollte jedes Testobjekt hinsichtlich seiner Komplexität individuell bewertet werden, um die für den Test zu erwartenden Aufwände abschätzen zu können.

Z.B.:

Kriterien	Komplexität		
	1 = hoch	2 = mittel	3 = gering
1. Anzahl der Datenobjekttypen	> 9	4 – 9	< 4
2. Anzahl der schreibenden oder ändern den Zugriffe auf die Datenobjekttypen	> 3	1 – 3	< 1
3. Anzahl der lesenden Zugriffe auf die Datenobjekttypen	> 5	3 – 5	< 3
4. Anzahl der Masken / Fenster	> 4	2 – 4	< 2
...			

Die Ergebnisse der Risiko- und Komplexitätsanalyse sollten ebenfalls in der Testobjektliste des Testplans dokumentiert werden. Hierbei ist zu berücksichtigen, dass Testobjekte einer hohen Risikoklasse intensiver getestet werden als solche, die geringer priorisiert sind.

Abbildung 13-12:   Beispiel Testkonzept – Beschreibung Risikoklassen und Komplexität

<Projektname>	Testkonzept für die Testphase <Name Testphase>	⬤ So.is.it
	Version / Datum gültig ab:	Seite 6 / 9

5 Festlegung der Testmethoden

In diesem Kapitel sollte bei der Festlegung der Testmethoden die Abhängigkeit zum jeweiligen Testobjekt-Risiko beachtet werden. Innerhalb der Fachlichen Abnahme sollten deshalb unterschiedliche Testmethoden zur Risikoreduzierung eingesetzt werden. Für jedes Testobjekt (z.B. Funktion, Geschäftsprozess, etc.) sollte die Testmethode zur Anwendung kommen, die auf Basis der Parameter Risiko und Komplexität festgelegt wurde. Die Testmethode bezieht sich dabei auf die Ermittlung der Testfälle/-szenarien, da hiermit die Testqualität primär beeinflusst wird.

Projektspezifisch ist dann festzulegen, welche dieser Testmethoden zum Einsatz kommen.

Hier werden im Folgenden die für die Tests relevanten Methoden gelistet und kurz beschrieben.

5.1 White Box Test

Der White Box Test setzt voraus, dass die Struktur des Testobjekts bekannt ist. Ziel des White Box Tests ist die möglichst vollständige Pfadabdeckung innerhalb der Strukturen des Testobjekts. Diese Tests sind i.d.R. nicht Gegenstand der Fachlichen Abnahme und werden somit nicht weiter beschrieben.

5.2 Black Box Test

Bei dieser Art des Testens wird der Testgegenstand als Black Box betrachtet. Es wird das korrekte Systemverhalten von der Oberfläche aus untersucht, d.h. ob eine bestimmte Aktion eine erwartete und zuvor festgelegte Reaktion des Systems nach sich zieht.

5.2.1 Äquivalenzklassenmethode

Die Testfälle und die zugehörigen Testdaten werden unter Berücksichtigung der Prinzipien der Äquivalenzklassenmethode gebildet. Sie werden so gewählt, dass die Durchführung eines Testfalls genügt, um eine repräsentative Aussage über das zu erwartende Ergebnis für den damit abgebildeten Wertebereich zu erhalten.

Bei der Testdatenerstellung ist darauf zu achten, insbesondere Daten an der Grenze einer Äquivalenzklasse vorzusehen (Grenzwerttests).

5.2.2 Funktionsabdeckung

Die Testfälle werden so gebildet, dass jede funktionale Anforderung durch mindestens einen Testfall verifiziert wird.

Abbildung 13-13: Beispiel Testkonzept – Beschreibung Funktionsabdeckung

‹Projektname›	Testkonzept für die Testphase ‹Name Testphase›	**So.is.it**
	Version / Datum gültig ab:	Seite 7 / 9

5.2.3 Freies Testen

Das freie Testen bietet die Möglichkeit, außerhalb der vom Testdrehbuch vorgegebenen Testschritte zu testen. Hierbei handelt es sich um die Durchführung intuitiv und spontan erzeugter Testfälle.

5.2.4 Systematische Geschäftsprozesstests

Ausgangspunkt sind die vorliegenden Geschäftsprozesse, anhand derer jeweils ein bestimmter Pfad durchlaufen und in Form einer Testfallkette abgebildet wird. Damit wird eine bestimmte Reihenfolge von Schritten festgelegt, nach denen eine Ausprägung des Geschäftsprozesses getestet wird.

5.2.5 Intuitive Geschäftsprozesstests

Intuitive Geschäftsprozesstests sind dadurch charakterisiert, dass diese nicht auf Basis von dokumentierten Geschäftsprozessen oder Fachkonzepten stattfinden müssen.

6 Bereitstellung von Testdaten

In diesem Kapitel sollen die Festlegungen bezüglich der Bereitstellung und Nutzung von Testdaten beschrieben werden:

- Primärdaten („Bewegungsdaten")
  Dies sind Daten, die zur Durchführung von Tests eingegeben werden müssen (z.B. Eingaben in eine GUI)

- Sekundärdaten („Bestandsdaten")
  Dies sind Daten, die vorhanden sein müssen, damit das zu testende System lauffähig ist, und die geplanten Tests durchgeführt werden können (z.B. Kundenbestände, Auftragsdaten):

  - Abzug von Produktionsdatenbeständen,
  - Synthetische Bereitstellung,
  - Bereitstellung über Werkzeuge.

Bei durchgängigen Daten zu Schnittstellen (über mehrere Komponenten einer Applikation oder über die Applikationsgrenze hinweg) sollen rechtzeitig Rahmenbedingungen hinsichtlich Beschaffenheit und Bereitstellungszeitpunkt geklärt werden.

7 Testorganisation

Hier sollten die Rollen, Aufgaben und Verantwortlichkeiten dokumentiert werden.

Abbildung 13-14:   Beispiel Testkonzept – Beschreibung Testdaten

<Projektname>	Testkonzept für die Testphase <Name Testphase>	**So.is.it**
	Version / Datum gültig ab:	Seite 8 / 9

8 Testplanung

In der Regel existieren hierzu ein oder mehrere separate Dokumente. Hier sollte zumindest auf diese Dokumente verlinkt werden.

9 Anforderungen an die Testinfrastruktur

In diesem Kapitel sollen Anforderungen erstellt werden, die die Testumgebung und eventuelle Testwerkzeuge betreffen. Weiterhin sind die Anforderungen zu stellen, die sowohl an die Hardware, als auch Software aus Sicht der Fachlichen Abnahme bestehen.

9.1 Organisatorisches

Hier ist zu beschreiben, ob durch die bevorstehenden Testaktivitäten zusätzliche organisatorische Anforderungen entstehen, die eingeplant werden müssen (Beispiel: zusätzliche Arbeitsräume, Schulungsräume, geplante Anwenderschulungen, Bürobedarf, PC's, Drucker, Laufwerkszugriffe, etc....)

9.2 Zusätzliche Testwerkzeuge zur Testdurchführung

Werden zur Testdurchführung zusätzliche Werkzeuge benötigt, die vor Start der Testaktivitäten eingeführt, aufgebaut und getestet werden müssen, z.B. Debugger, spezielle Reports, spezielle Beladungstools, Scripte, andere sog. Treiber oder Dummies (ersetzen aufgerufene oder aufzurufende, aber noch nicht fertiggestellte Programme).

9.3 Abhängigkeiten zu anderen Testumgebungen

In diesem Abschnitt sind die Abhängigkeiten zu anderen Testumgebungen (nicht das eigene Projekt betreffende testumgebungen) kurz zu beschreiben und zu erläutern

Abbildung 13-15:   Beispiel Testkonzept – Beschreibung Anforderung Testinfrastruktur

\<Projektname\>	Testkonzept für die Testphase \<Name Testphase\>	So.is.it
	Version / Datum gültig ab:	Seite 9 / 9

10 Festlegung der Eingangs- und Endekriterien

Durch Eingangs- und Endekriterien sollen in diesem Kapitel Aussagen getroffen werden, zu welchem Zeitpunkt die geplanten Tests beginnen können und wann diese als beendet anzusehen sind.

11 Abweichungsmanagement

In diesem Kapitel wird beschrieben, wie die gefundenen Abweichungen dokumentiert und im Rahmen eines Abweichungsmanagementprozesses behandelt werden sollen. Weiterhin ist im Rahmen des Abweichungsmanagements eine Klassifizierung der identifizierten Abweichungen vorzunehmen.

Mit der Klassifizierung der Fehler sollte auch eine zeitliche Dauer verknüpft sein, die zur Fehlerbehebung je Fehlerklasse angesetzt ist. Somit sind Fehler der höchsten Kategorie durch das Entwicklungsteam am schnellsten zu beheben, Fehler der niedrigsten Kategorie dagegen mit längeren Zeitvorgaben zu versehen.

12 Testrelevante Basisdokumente

Hier erfolgt der Verweis (Link) auf die testrelevanten Basisdokumente. Hierunter fallen u.a. alle Anforderungs- und Designspezifikationen für die Testobjekte (z.B. Fachkonzepte, DV-Konzepte, Berechtigungskonzepte, Schnittstellenspezifikati-onen, etc...), anhand derer die Testfälle erfasst, getestet und Fehler/Abweichungen erkannt werden.

Abbildung 13-16:   Beispiel Testkonzept – Beschreibung Abweichungsmanagement

13.3 Beispiel für Testmanagement mit Toolunterstützung

13.3.1 Vorbemerkungen

Die nachfolgenden Kapitel beschreiben die Vorgehensweise für die Dokumentation von

- Testfällen,
- Fehlermeldungen und
- Neuanforderungen (Change Requests)

im Rahmen des Abnahmetests für ein Projekt über die Anwendung MANTIS[20].

Grundsätzlich ist das Testen eines Systems ein wesentlicher Bestandteil jeder Softwareentwicklung und dient u.a.

- der Bestätigung der Erfüllung der geforderten Qualität und Anforderungen
- der Sicherstellung eines stabilen Produktionsbetriebs
- der Reduzierung operationeller Risiken
- der Reduzierung von Fehlern bei der Abnahme
- der Erhöhung der Anwenderzufriedenheit
- der Bestätigung der Einhaltung von Richtlinien und Standards

Speziell für den Abnahmetest gilt es den Nachweis zu erbringen, dass die im Fachkonzept und im DV-Konzept spezifizierten Anforderungen korrekt umgesetzt wurden und produktionsreif sind.

Die Durchführung eines Abnahmetests ist notwendig vor Produktionsfreigabe. Die Testergebnisse müssen für eine korrekte Abnahme gemäß den Anforderungen dokumentiert werden. Auch später müssen für unbeteiligte Dritte (z.B. die Revision) die Testergebnisse (Soll- und Ist-Ergebnisse) transparent und nachvollziehbar sein.

13.3.2 Erstellung eines Testfalls

Die Testfälle für den Abnahmetest werden vom Testteam während des gesamten Projektverlaufs erstellt und in MANTIS erfasst, d.h. es wird schon bei der Erstellung des Fachkonzeptes damit begonnen, zu dokumentieren, welche Geschäftsvorfälle getestet werden müssen. Sie lehnen sich an die konkreten Fälle aus dem Tagesgeschäft, womit ein produktionsnaher Test gewährleistet ist.

---

20 Mantis ist eine freie Software, die als Bugtracker zur Verwaltung und Verfolgung von Programmfehler und von Change-Requests eingesetzt wird. (siehe auch www.mantisbt.org)

13.3.2.1 Grafische Darstellung des Prozesses „Erstellung eines Testfalls"

Folgender Ablauf liegt der Erstellung eines Testfalls zugrunde:

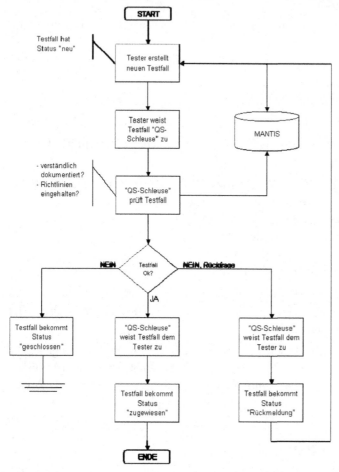

Abbildung 13-17: Grafische Darstellung des Prozesses „Erstellung eines Testfalls"

Tabelle 13-2:　　　Prozessschritte „Erstellung Testfall"

Lfd. Nr.	Schritt	Beschreibung	MANTIS
1.	Tester erstellt neuen Testfall	Der Tester erfasst in MANTIS einen neuen Testfall	Ja
2.	Tester weist Testfall der „QS-Schleuse" zu	Nach Eingabe des Testfalls wird dem Testmanager bzw. dem Testkoordinator der Testfall zur formalen und inhaltlichen Prüfung zugewiesen.	Ja
3.	„QS-Schleuse" prüft Testfall	Der Testkoordinator prüft den Testfall auf Vollständigkeit und Verständlichkeit. Dabei können sich drei Zustände ergeben:	Nein
3.1.	Testfall ist nicht in Ordnung	Ist der Testfall nicht relevant, eine Dublette oder es ist ein anderer Grund vorhanden, warum der Testfall nicht bearbeitet werden soll, so wird der Testfall geschlossen.	Ja
3.2.	Testfall bedarf weiterer Informationen	Ist der Testfall nicht ausreichend beschrieben oder der Testkoordinator benötigt sonstige weitere Informationen, so weist er dem Tester den Testfall wieder zu mit der Bitte um weitere Erklärung.	Ja
3.3.	Testfall ist in Ordnung	Ist aus Sicht des Testkoordinators der Testfall in Ordnung, so verbleibt der Testfall beim Testkoordinator und wird erst in der „Testplanung" einem Tester zugewiesen.	Ja

13.3.2.2 Ablaufbeschreibung des Prozesses „Erstellung eines Testfalls"

Im Folgenden werden die oben beschriebenen Prozessschritte anhand von MANTIS-Screenshots und gleichzeitig die zu befüllenden Felder beschrieben.

Schritt 1: „Tester erstellt neuen Testfall"

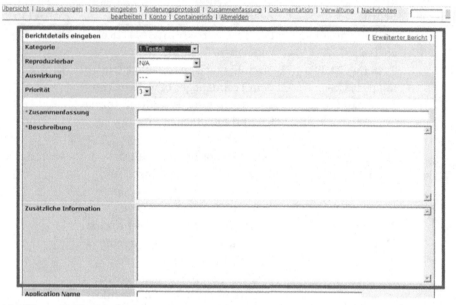

Abbildung 13-18: Maske MANTIS „Issue eingeben" => Testfallerstellung

Bei der Anlage eines Testfalls in MANTIS sind die Felder wie folgt zu belegen und durch einen Mausklick auf den Button „Bericht absenden" abzuspeichern.

Tabelle 13-3:   Testfallerstellung

Lfd. Nr.	Feld	Belegung
1.	Kategorie	„1. Testfall"
2.	Auswirkung	Leer
3.	Status	„neu"
4.	Anzeigestatus	„öffentlich"
5.	Priorität	Prio 1: Geschäftskritisch (Hoch) keine Freigabe, wenn der Testfall nicht oder auch nicht erfolgreich durchgeführt wurde Prio 2: Erforderlich (Mittel) Wenn der Testfall nicht erfolgreich durchgeführt wurde, ist eine Abstimmung mit dem Projektleiter erforderlich keine Freigabe, wenn der Testfall nicht durchgeführt wurde Prio 3: Unkritisch (Gering) nicht relevant für Abnahme

Lfd. Nr.	Feld	Belegung
6.	Zusammen-fassung	Kurze Beschreibung des Testfalls
7.	Beschreibung	Detaillierte Beschreibung des Testfalls
8.	Zusätzliche Informationen	Beschreibung des erwarteten Ergebnisses

Schritt 2: „Tester weist Testfall „QS-Schleuse" zu"

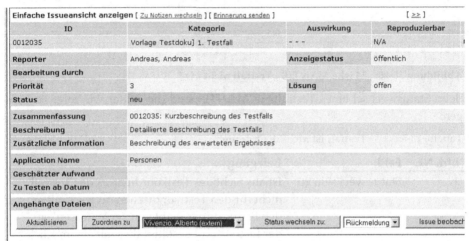

Abbildung 13-19: Maske MANTIS „Issue eingeben" => Testfallzuweisung

Im zweiten Schritt der Testfallerstellung, der Zuordnung eines Testfalls, sind die Felder wie folgt zu belegen:

Tabelle 13-4: Testfallzuweisung

Lfd. Nr.	Feld	Belegung
1.	Zuordnen zu	Auswahl des Namen des Testkoordinators aus der Listbox und Bestätigung durch Mausklick auf den Button „Zuordnen zu".

Schritt 3: „QS-Schleuse" prüft Testfall

Das Ergebnis aus Schritt 3 der Testfallerstellung, nämlich der Prüfung des Testfalls durch die „QS-Schleuse", kann folgende Ausprägungen haben:

1. Testfall ist nicht in Ordnung
2. Testfall bedarf weiterer Informationen
3. Testfall ist in Ordnung

Schritt 3.1: „Testfall ist nicht in Ordnung"

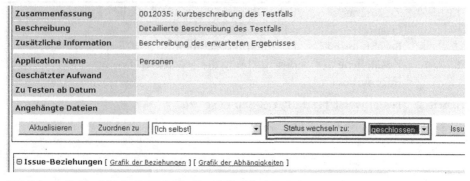

Abbildung 13-20:   Maske MANTIS „Testfall nicht i.O."

Beim Statuswechsel eines Testfalls in MANTIS sind die Felder wie folgt zu belegen:

Tabelle 13-5:   Testfall ist nicht in Ordnung

Lfd. Nr.	Feld	Belegung
1.	Status wechseln zu	Ist aus Sicht des Testkoordinators der Testfall nicht für den Test vorzusehen, so wechselt er den Status durch Wahl von „geschlossen" aus der Listbox und bestätigt dies mit einem Klick auf den Button „Status wechseln zu".

Schritt 3.2: „Testfall bedarf weiterer Informationen"

Abbildung 13-21:   Maske MANTIS „Testfall Bedarf weiterer Informationen"

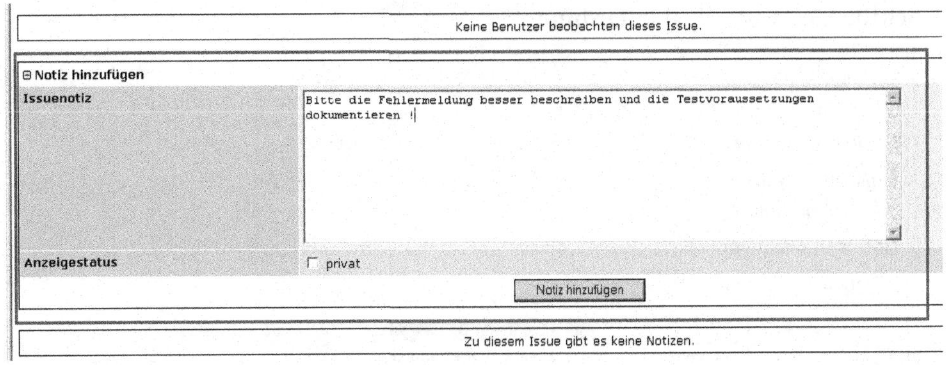

Abbildung 13-22: Maske MANTIS „Notiz hinzufügen"

Bei der Zuordnung eines Testfalls in MANTIS sind die Felder wie folgt zu belegen:

Tabelle 13-6: Notiz hinzufügen

Lfd. Nr.	Feld	Belegung
1.	ZUORDNEN ZU	Hat der Testkoordinator weiteren Informations- bedarf zu einem Testfall, so wählt er aus der Listbox neben dem Feld „Zuordnen zu" den Namen des Testers aus und weist ihm durch Betätigung des Buttons „Zuordnen zu" den Testfall zur Bearbeitung zu.
2.	STATUS WECHSELN ZU	Nachdem der Testfall dem Tester zugewiesen wurde, muss ihm noch der weitere Informati- onsbedarf angezeigt werden. Dies erfolgt über den Status „Rückmeldung". Dabei wählt man aus der Listbox neben dem Feld „Status wech- seln zu" den Status „Rückmeldung" und bestä- tigt dies durch Betätigung des Buttons „Status wechseln zu". Die Statusänderung wird damit gespeichert.
3.	NOTIZ HINZUFÜ- GEN	Um den konkreten Informationsbedarf dem Tester mitzuteilen, ist eine Notiz an den Testfall anzuhängen. Dazu nutzt man das Feld „Issuenotiz" und betätigt dann den Button „No- tiz hinzufügen".

Schritt 3.3: „Testfall ist in Ordnung"

Zusammenfassung	0012035: Kurzbeschreibung des Testfalls
Beschreibung	Detaillierte Beschreibung des Testfalls
Zusätzliche Information	Beschreibung des erwarteten Ergebnisses
Application Name	Personen
Geschätzter Aufwand	
Zu Testen ab Datum	
Angehängte Dateien	

| Aktualisieren | Zuordnen zu | Andreas, Andreas ▼ | Status wechseln zu: | Rückmeldung ▼ |

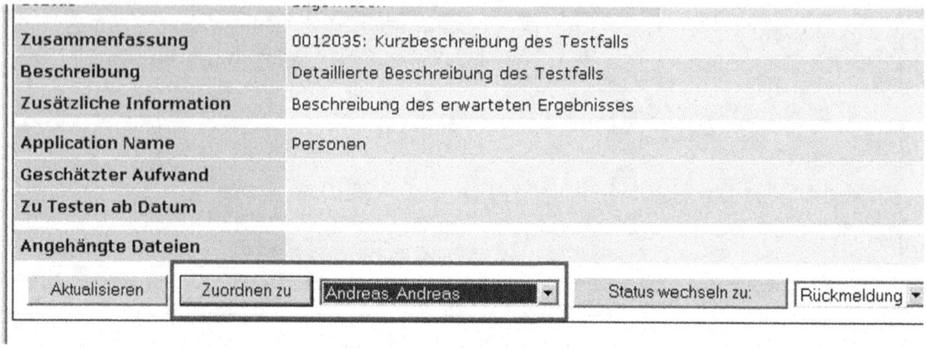

Abbildung 13-23: Maske MANTIS „Testfall ist in Ordnung"

Bei der Zuordnung eines Testfalls in MANTIS sind die Felder wie folgt zu belegen:

Tabelle 13-7:   Testfall ist in Ordnung

Lfd. Nr.	Feld	Belegung
1.	ZUORDNEN ZU	Ist der Testfall in Ordnung, so weist der Testkoordinator dem Tester den Testfall wieder zu, indem er aus der Liste den Tester auswählt und mit dem Button „Zuordnen zu" den Status auf „zugewiesen" ändert.

13.3.3 Testplanung

Die Testplanung beginnt zeitlich kurz vor dem Prozess der Testdurchführung. In der Testplanung weist der Testkoordinator die Testfälle den entsprechenden Testern zu.

13.3.3.1 Ablaufbeschreibung bei der Testplanung

Folgender Ablauf liegt der Testplanung zugrunde:

Schritt 1: „Zuweisung Testfall zu einem Tester durch Testkoordinator"

Status	neu
Zusammenfassung	0012035: Kurzbeschreibung des Testfalls
Beschreibung	Detaillierte Beschreibung des Testfalls
Zusätzliche Information	Beschreibung des erwarteten Ergebnisses
Application Name	Personen
Geschätzter Aufwand	
Zu Testen ab Datum	
Angehängte Dateien	

| Aktualisieren | Zuordnen zu | Vivenzio, Alberto (extern) ▼ | Status wechseln zu: | Rüc |

Abbildung 13-24: Maske MANTIS „Testfallzuweisung"

Im einzigen Schritt der Testplanung, der Zuordnung eines Testfalls zu einem Tester, ist das Feld wie folgt zu belegen:

Tabelle 13-8:   Testfallzuweisung

Lfd. Nr.	Feld	Belegung
1.	ZUORDNEN ZU	Auswahl des Namen des Testers aus der Listbox und Bestätigung durch Mausklick auf den Button „Zuordnen zu".

13.3.4 Testdurchführung

Der Prozess der Erstellung von Testfällen ist ein laufender Prozess. Er beginnt bei der Erstellung des Fachkonzeptes, in dem die ersten Testfälle beschrieben werden und setzt sich fort bis in die Testphase. Die Testfälle werden gesammelt, dokumentiert und finden dann in der Phase des Abnahmetests ihre Anwendung. In der Testdurchführung werden die Testfälle bearbeitet und das erwartete Ergebnis mit dem Ist-Ergebnis verglichen.

13.3.4.1 Grafische Darstellung des Prozesses „Testdurchführung"

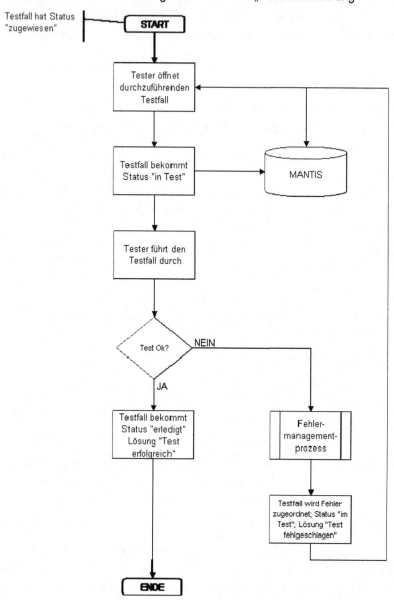

Abbildung 13-25: Grafische Darstellung des Prozesses „Testdurchführung"

Tabelle 13-9:   Prozessschritte „Testdurchführung"

Lfd. Nr.	Schritt	Beschreibung	MANTIS
1.	Tester öffnet durchzuführenden Testfall	Der Tester testet einen Testfall.	Nein
2.	Testfall bekommt Status „im Test"	Der Tester setzt den Testfall in den Status „im Test".	Ja
3.	Tester führt Testfall durch	Der Tester testet den Testfall gemäß der Beschreibung und der definierten Rahmenbedingungen und Voraussetzungen.	Nein
4.	Test Ok?	Der Tester vergleicht das erwartete Ergebnis des Testfalls mit dem Ist-Ergebnis.	Nein
4.1	Test ist nicht Ok	Das Ist-Ergebnis weicht vom vorgegebenen Soll-Ergebnis ab. Damit folgt an diesem Punkt die Durchführung des Prozesses zur Erstellung einer Fehlermeldung und Dokumentation, dass der Test fehlgeschlagen ist	Ja
4.2	Test ist Ok	Der Testfall ist korrekt, d.h. das erwartete Ergebnis stimmt mit dem Ist-Ergebnis überein; der Tester setzt den Status des Testfalls auf „erledigt" und das Feld „Lösung" auf „Test erfolgreich".	Ja

13.3.4.2 Ablaufbeschreibung des Prozesses „Testdurchführung"

Im Folgenden werden die oben beschriebenen Prozessschritte anhand von MANTIS-Screenshots und den zu befüllenden Feldern beschrieben.

Schritt 2: Testfall bekommt Status „im Test"

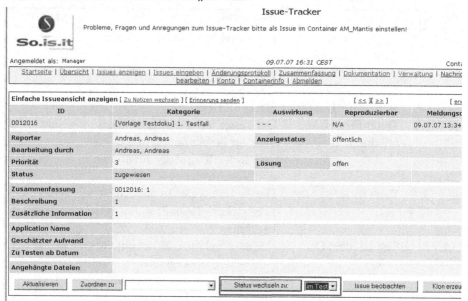

Abbildung 13-26: Maske MANTIS „Testfall im Test"

Beim Wechsel des Status eines Testfalls in MANTIS sind die Felder wie folgt zu belegen:

Tabelle 13-10:   Maske „Testfall im Test"

Lfd. Nr.	Feld	Belegung
1.	STATUS WECHSELN ZU	Die einem Tester zugewiesenen Testfälle werden von ihm bearbeitet. Dazu wird dem in Bearbeitung befindlichen Testfall der Status „im Test" zugewiesen. Durch Auswahl des entsprechenden Status aus der Listbox und Betätigung des Buttons „Status wechseln zu".

Schritt 4.1: „Test ist nicht OK"

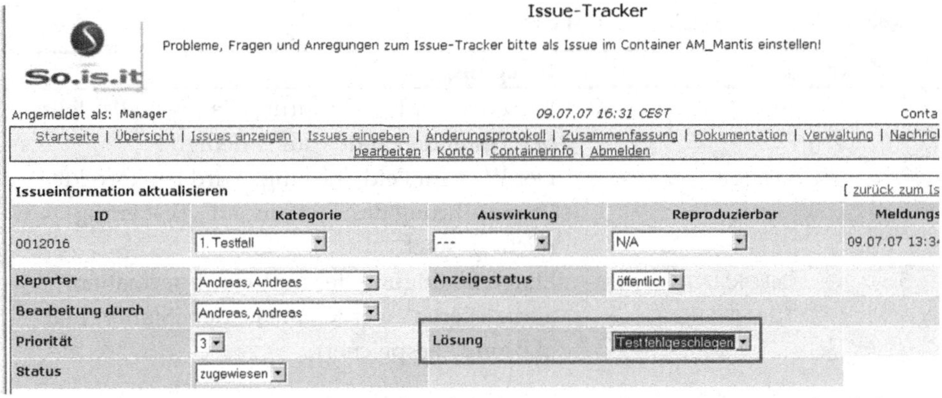

Abbildung 13-27: Maske MANTIS „Testfall fehlgeschlagen"

Ist der Testfall nicht Ok, ist im Weiteren wie folgt zu verfahren:

Tabelle 13-11: Maske „Testfall fehlgeschlagen"

Lfd. Nr.	Feld	Belegung
1.	LÖSUNG	Ist ein Testfall nicht korrekt durchgeführt worden, so setzt der Tester den Wert im Feld „Lösung" auf „Test fehlgeschlagen". Gleichzeitig ist der Prozess „Erstellung einer Fehlermeldung" durchzuführen. Der Status des Testfalls behält den Wert „im Test" bis der Testfall korrekt durchgeführt werden kann.

Schritt 4.2: „Test ist OK"

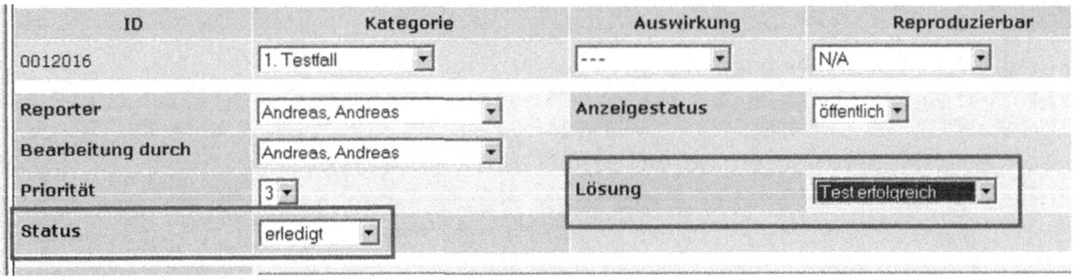

Abbildung 13-28: Maske MANTIS „Testfall ist ok"

Ist ein Testfall erfolgreich durchgeführt worden, ist wie folgt vorzugehen:

Tabelle 13-12:   Maske „Test ist ok"

Lfd. Nr.	Feld	Belegung
1.	STATUS	Bei korrekter Durchführung des Testfalls stellt der Tester den Status auf „erledigt".
2.	LÖSUNG	Der Wert im Feld „Lösung" wird bei korrekter Durchführung des Testfalls auf „Test erfolgreich" gesetzt.
3.	INFORMATION AKTUALISIEREN	Durch Betätigung des Buttons „Information aktualisieren" werden die Felder „Status" und „Lösung" gespeichert.

13.3.5 Erstellung einer Fehlermeldung

Ist beim Test eines Testfalls ein Fehler erkannt worden, d.h. das erwartete Ergebnis entspricht nicht dem Ist-Ergebnis, so wird in MANTIS ein Fehler dokumentiert.

13.3.5.1 Grafische Darstellung des Prozesses „Erstellung einer Fehlermeldung"

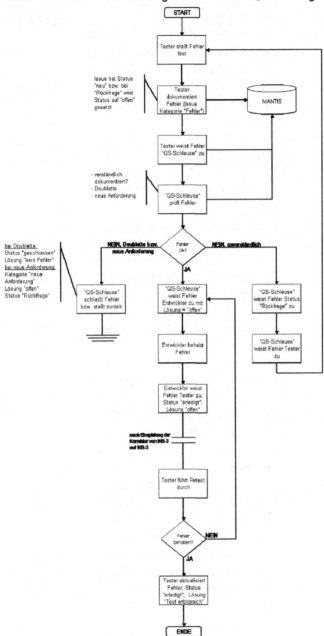

Abbildung 13-29: Grafische Darstellung des Prozesses „Erstellung einer Fehlermeldung"

Tabelle 13-13:   Prozessschritte „Fehlermanagement"

Lfd. Nr.	Schritt	Beschreibung	MANTIS
1.	Tester stellt Fehler fest	Der Tester bearbeitet einen Testfall und stellt einen Fehler fest, d.h. das erwartete Ergebnis weicht vom Ist-Ergebnis ab.	Nein
2.	Tester dokumentiert Fehler	Der Tester erfasst den Fehler in MANTIS.	Ja
3.	Tester weist Fehler der „QS-Schleuse" zu	Der Tester weist dem Testkoordinator den Fehler zu.	Ja
4.	„QS-Schleuse" prüft Fehler	Der Testkoordinator prüft den Fehler.	Nein
4.1	Fehler ist Dublette oder neue Anforderung	Ist der erfasste Fehler bereits gemeldet (und somit eine Dublette) oder kein Fehler (z.B. Bei Fehlbedienung), so wird der Fehler geschlossen. Das Feld „Lösung" erhält dabei den Wert „kein Fehler" und „Status" den Wert „geschlossen". Handelt es sich um eine Neuanforderung, so wird der Fehler zurück gestellt. Dabei erhält das Feld „Status" den Wert „Rückfrage", „Lösung" den Wert „offen" und „Kategorie" den Wert „neue Anforderung".	Ja
4.2	Fehler ist unverständlich	Der Fehler ist nicht nachvollziehbar und bedarf weiterer Informationen; der Testkoordinator weist dem Tester den Fehler wieder zu.	Ja
4.3	Fehler ist in Ordnung	Der Fehler ist hinreichend beschrieben und kann dem Entwickler zur Korrektur vorgelegt werden.	Ja
4.3.1	„QS-Schleuse" weist dem Entwickler den Fehler zu	Der Testkoordinator weist dem Entwickler den Fehler zu.	Ja

Lfd. Nr.	Schritt	Beschreibung	MANTIS
4.3.2	Entwickler behebt den Fehler	Der Entwickler behebt den Fehler und dokumentiert die Korrektur.	Nein
4.3.3	Entwickler weist der QS-Schleuse den Fehler zu	Der Entwickler weist dem Testkoordinator den Fehler wieder zu, der kontrolliert, ob die Beschreibung der Fehlerbehebung hinreichend ist.	Ja
4.3.4	„QS-Schleuse" weist dem Tester den Fehler zu	Der Testkoordinator weist dem Tester den korrigierten Fehler zum Nachtesten zu.	Ja
4.3.5	Tester führt Re-Test durch	Der Tester führt den Nachtest durch.	Nein
4.3.5.1	Fehler ist noch vorhanden	Der Fehler ist noch vorhanden; der Tester weist dem Testkoordinator den Fehler wieder zu, mit der Lösung „Test fehlgeschlagen". Der Testkoordinator weist dem Entwickler die Fehlermeldung zu. Dies gilt nur, sofern es sich um den Ursprungsfehler handelt. Das Auftreten eines „neuen" Fehlers im Zusammenhang mit der Korrektur bewirkt die Erstellung einer neuen Fehlermeldung	Ja
4.3.5.2	Fehler ist behoben	Der Fehler ist behoben und der Tester schließt die Fehlermeldung.	Ja

13.3.5.2 Ablaufbeschreibung des Prozesses „Erstellung einer Fehlermeldung"

Im Folgenden werden die oben beschriebenen Fehlermeldung-Erfassung-Schritte anhand von MANTIS - Screenshots und der Beschreibung zum Befüllen der Inhalte der Felder dargestellt.

Schritt 2: „Tester dokumentiert Fehler"

Berichtdetails eingeben		[Erweiterter Bericht]
Kategorie	2. Fehler ▾	
Reproduzierbar	N/A ▾	
Auswirkung	--- ▾	
Priorität	3 ▾	
*Zusammenfassung	Kurzbeschreibung des Fehlers	
*Beschreibung	Detaillierte Fehlerbeschreibung	
Zusätzliche Information	Testvoraussetzungen - Kundennummer - Vertragsnummer - Beträge - ...	

Abbildung 13-30:   Maske MANTIS „Dokumentation Fehler"

Bei der Zuordnung eines Fehlers in MANTIS sind die Felder wie folgt zu belegen:

Tabelle 13-14:   „Dokumentation eines Fehlers"

Lfd. Nr.	Feld	Belegung
1.	KATEGORIE	„Fehler"
2.	Reproduzier-bar	Mögliche Ausprägung: „immer" „sporadisch"
3.	Auswirkung	„leichter Fehler" oder „schwerer Fehler", wenn ein Fehler aufgetreten ist und „Blocker", wenn ein Fehler aufgetreten ist und man nicht weiter kommt (z.B. Systemabsturz o.ä.)
4.	Priorität	Prio 1: Geschäftskritisch (Hoch) keine Abnahme, wenn der Fehler nicht behoben wurde Prio 2: Erforderlich (Mittel) Wenn der Fehler nicht behoben wurde, ist eine Abstimmung mit dem Projektleiter erforderlich Prio 3: Unkritisch (Gering) Nicht relevant für Abnahme

Lfd. Nr.	Feld	Belegung
5.	Zusammen-fassung	Titel für Beschreibung der Fehlersituation
6.	Beschreibung	Detaillierte Beschreibung der Fehlersituation (was ist wann und wie zu tun) und dem tatsächlichen Ergebnis
7.	Zusätzliche Informationen	Beschreibung der Testvoraussetzungen, wie Kundennummer, Vertragsnummern oder bestimmte Beträge.
8.	Anzeigestatus	„öffentlich"

Schritt 3: „Tester weist Fehler der „QS-Schleuse" zu"

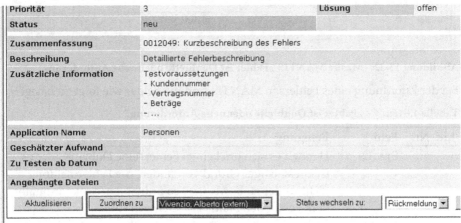

Abbildung 13-31: Maske MANTIS „Fehler zuweisen"

Bei der Zuordnung eines Fehlers in MANTIS sind die Felder wie folgt zu belegen:

Tabelle 13-15:   „Fehler zuweisen"

Lfd. Nr.	Feld	Belegung
1.	ZUORDNEN ZU	Der Tester wählt den Namen des Testkoordinators aus und bestätigt die Weiterleitung mit einem Klick auf den Button „Zuordnen zu".

Schritt 4.1: „Fehler ist Dublette oder neue Anforderung"

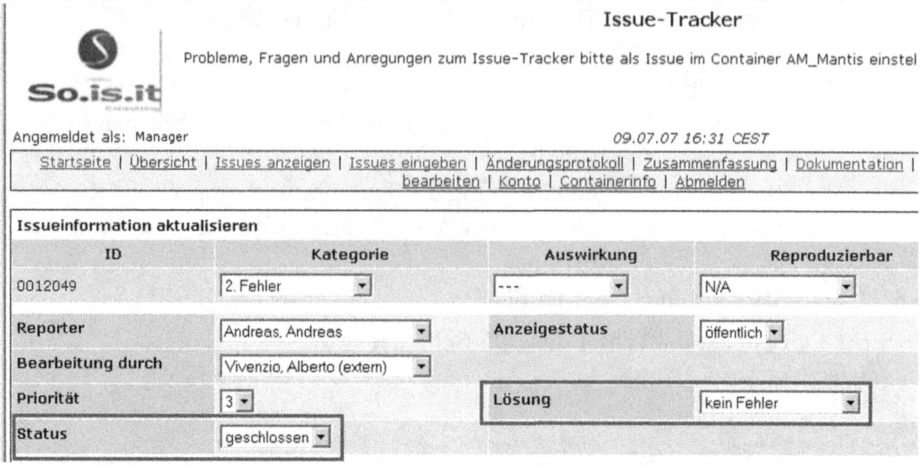

Abbildung 13-32: Maske MANTIS „Fehler ist Doublette oder neue Anforderung"

Bei der Zuordnung eines Fehlers in MANTIS sind die Felder wie folgt zu belegen:

Tabelle 13-16:   „Fehler ist Doublette oder neue Anforderung"

Lfd. Nr.	Feld	Belegung
1.	STATUS	Handelt es sich um keinen Fehler, eine Dublette oder es ist ein sonstiger Grund vorhanden, die Fehlermeldung nicht weiter zu bearbeiten, so ordnet der Testkoordinator dem Fehler den Status „geschlossen" zu.
2.	LÖSUNG	In das Feld „Lösung" trägt der Testkoordinator den Wert „kein Fehler" ein und bestätigt mit einem Klick auf den Button „Information aktualisieren".

Schritt 4.2: „Fehler ist unverständlich"

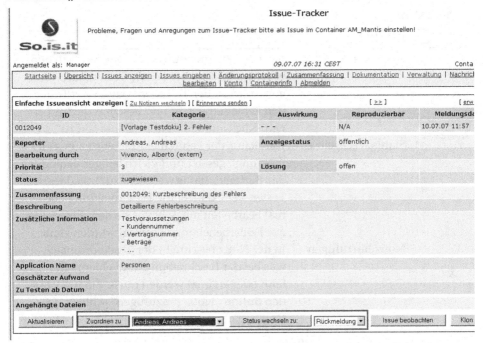

Abbildung 13-33: Maske MANTIS „Fehler ist unverständlich"

Abbildung 13-34: Maske MANTIS „Notiz hinzufügen"

Bei der Zuordnung eines Fehlers in MANTIS sind die Felder wie folgt zu belegen:

Tabelle 13-17:   „Notiz hinzufügen"

Lfd. Nr.	Feld	Belegung
1.	Zuordnen zu	Ist eine Fehlermeldung nicht verständlich oder es fehlen Informationen wie Testvoraussetzungen, so weist der Testkoordinator dem Tester den Fehler erneut zu und bestätigt dies mit einem Klick auf den Button „Zuordnen zu".
2.	Status wechseln zu	Der Status der Fehlermeldung wird auf „Rückmeldung" gesetzt (mit gleichzeitiger Betätigung des Buttons „Status wechseln zu"), so dass der Tester weiß, dass er die Fehlermeldung noch mal bearbeiten muss, bevor sie dem Entwickler zur Fehlerbehebung vorgelegt werden kann.
3.	Notiz hinzufügen	In der Notiz beschreibt der Testkoordinator, was bei der Beschreibung der Fehlermeldung fehlt oder ergänzt werden muss. Ein Klick auf den Button „Notiz hinzufügen" schließt den Vorgang ab.

Schritt 4.3: „Fehler ist in Ordnung"

Ist ein Fehler in Ordnung und somit weiter bearbeitbar, so gibt es Prozessschritte zu beachten:

– Der Fehler soll durch den Entwickler behoben werden
– Der Fehler wurde vom Entwickler behoben und soll vom Tester dem Retest unterzogen werden

Schritt 4.3.1: „QS-Schleuse" weist dem Entwickler den Fehler zu"

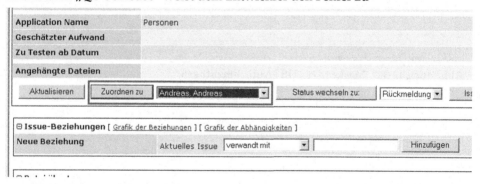

Abbildung 13-35:   Maske MANTIS „Fehler zuweisen"

Bei der Zuordnung eines Fehlers in MANTIS sind die Felder wie folgt zu belegen:

Tabelle 13-18:   „Fehler zuweisen"

Lfd. Nr.	Feld	Belegung
1.	Zuordnen zu	Der Testkoordinator weist dem Entwickler den Fehler zu, wenn er ausreichend beschrieben ist. Bestätigt wird die Zuweisung durch die Auswahl des Entwicklernamen und einem Klick auf den Button „Zuordnen zu".

Schritt 4.3.3: „Entwickler weist der QS-Schleuse den Fehler zu"

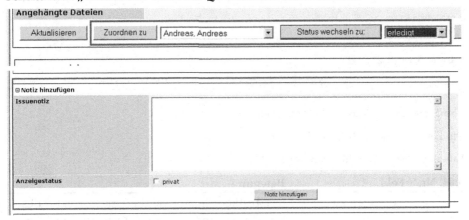

Abbildung 13-36:   Maske MANTIS „Fehler beheben"

Die Felder sind wie folgt zu belegen:

Tabelle 13-19:   „Fehler beheben"

Lfd. Nr.	Feld	Belegung
1.	Zuordnen zu	Nach erfolgreicher Korrektur des Fehlers und Übergabe der korrigierten Anwendung von der Entwicklungsumgebung in die Abnahmeumgebung, weist der Entwickler dem Testkoordinator den Fehler zu und bestätigt die Zuweisung mit einem Klick auf den Button „Zuordnen zu".
2.	Status wechseln zu	Der Entwickler wechselt den Status der Fehlermeldung auf „erledigt" und bestätigt die Änderung mit einem Klick auf den Button „Status wechseln zu".

Lfd. Nr.	Feld	Belegung
3.	Notiz einfügen	Der Entwickler beschreibt in dem Feld „Notiz" die durchgeführten Korrekturen und dokumentiert die Änderung mit einem Klick auf den Button „Notiz einfügen".

Schritt 4.3.4: „QS-Schleuse weist den Fehler dem Tester zu"

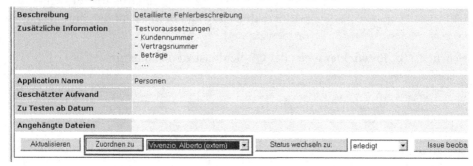

Abbildung 13-37:   Maske MANTIS „Fehler zum Re-Test"

Die Felder sind wie folgt zu belegen:

Tabelle 13-20:   „Fehler zum Re-Test"

Lfd. Nr.	Feld	Belegung
1.	Zuordnen zu	Der Testkoordinator validiert die Korrektur des Entwicklers und weist dem Tester die korrigierte Fehlermeldung für einen Re-Test wieder zu.

Schritt 4.3.5.1: „Fehler ist noch vorhanden"

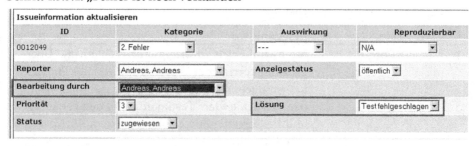

Abbildung 13-38:   Maske MANTIS „Fehler noch vorhanden"

Bei der Zuordnung eines Fehlers in MANTIS sind die Felder wie folgt zu belegen:

Tabelle 13-21:   „Fehler noch vorhanden"

Lfd. Nr.	Feld	Belegung
1.	Bearbeitung durch	Führt der Retest zu dem Ergebnis, dass er noch nicht behoben ist, so weist der Tester dem Testkoordinator den Fehler wieder zu und bestätigt dies mit einem Klick auf den Button „Bearbeitung durch".
2.	Lösung	Dokumentiert wird der fehlerhafte Retest durch den Wechsel des Wertes in Feld „Lösung" auf „Test fehlgeschlagen" und einem Klick auf den Button „Information aktualisieren".

Schritt 4.3.5.2: „Fehler ist behoben"

Abbildung 13-39:   Maske MANTIS „Fehler behoben"

Bei der Zuordnung eines Fehlers in MANTIS sind die Felder wie folgt zu belegen:

Tabelle 13-22:   „Fehler behoben"

Lfd. Nr.	Feld	Belegung
1.	Status	Nach einem erfolgreichen Retest weist der Tester dem Fehler den Status „erledigt" zu.
2.	Lösung	In dem Feld „Lösung" trägt der Tester den Wert „Test erfolgreich" ein und bestätigt den Abschluss des Retests mit einem Klick auf den Button „Information aktualisieren".

13.3.6   Erstellung einer Neuanforderung (Change Request)

Eine Neuanforderung ist kein Fehler. Wird beim Testen festgestellt, dass eine benötigte Anforderung nicht definiert wurde oder nicht ausreichend beschreiben wurde, so kann dies durch die Erstellung einer Neuanforderung, eines sog. Change Requests (CR), nachgeholt werden. Die Neuanforderung wird aber nicht sofort umgesetzt, sondern im Rahmen eines CR-Verfahrens validiert und priorisiert.

13.3.6.1 Grafische Darstellung des Prozesses „Erstellung einer Neuanforderung"

Folgender Ablauf liegt der Erstellung einer Neuanforderung zugrunde:

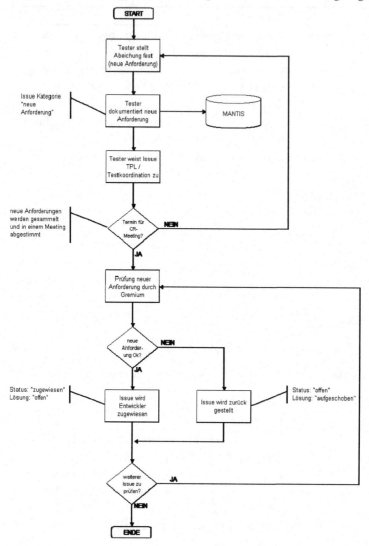

Abbildung 13-40: **Grafische Darstellung des Prozesses „Erstellung eines Change Requests**

Tabelle 13-23:   Prozessschritte „Erstellung Neuanforderung"

Lfd. Nr.	Schritt	Beschreibung	MANTIS
1.	Tester stellt Abweichung fest (neue Anforderung)	Bei der Durchführung eines Testfalles stellt der Tester fest, dass eine Funktionalität nicht vorhanden ist.	Nein
2.	Tester dokumentiert neue Anforderung	Der Tester dokumentiert in MANTIS die Neuanforderung.	Ja
3.	Tester weißt Issue TPL/Testmanager zu	Der Tester weist dem Testkoordinator die Neuanforderung zu.	Ja
4.	Termin für CR-Meeting ?	Der Testkoordinator validiert die Neuanforderung und sammelt diese, da sie vor Umsetzung erst durch das CR-Board genehmigt werden müssen.	Nein
5.	Prüfung neue Anforderung(en) durch Gremium	Die gesammelten Neuanforderungen werden durch das Gremium geprüft und es wird entscheiden, ob die Neuanforderung realisiert, zurückgestellt oder geschlossen wird.	Nein
6.	Neue Anforderung OK ?	Der Testkoordinator bearbeitet nach Beschluss des Gremiums die Neuanforderungen.	Nein
6.1	Neuanforderung wird Entwickler zugewiesen	Soll eine Neuanforderung realisiert werden, so wird sie dem Entwickler zugewiesen und das normale Testprozedere mit Testfallerstellung und Fehlererstellung beginnt für diese Neuanforderung.	Ja
6.2	Neuanforderung wird zurückgestellt	Der Testkoordinator ändert für die Neuanforderung, die nicht zeitnah realisiert werden soll, den Wert im Feld „Lösung" auf „aufgeschoben".	Ja
6.3	Neuanforderung wird geschlossen	Eine Neuanforderung, die nicht umgesetzt werden soll, wird vom Testkoordinator auf den Status „geschlossen" gesetzt.	Ja

13.3.6.2 Ablaufbeschreibung des Prozesses „Erstellung einer Neuanforderung"

Im Folgenden werden die oben beschriebenen Prozessschritte anhand von MANTIS-Screenshots beschrieben. Gleichzeitig werden die zu befüllenden Felder beschrieben.

Schritt 2: „Tester dokumentiert neue Anforderung"

Berichtdetails eingeben		[Erweiterter Bericht]
Kategorie	3. Change Request ▾	
Reproduzierbar	N/A ▾	
Auswirkung	--- ▾	
Priorität	3 ▾	
*Zusammenfassung	Kurzbeschreibung der Neuanforderung	
*Beschreibung	Detaillierte Beschreibung der Neuanforderung|	
Zusätzliche Information		
Application Name		
Geschätzter Aufwand		
Zu Testen ab Datum	▾ ▾ ▾	

Abbildung 13-41: Maske MANTIS „Neuanforderung – Change Request"

Bei der Anlage einer Neuanforderung in MANTIS sind die Felder wie folgt zu belegen und durch einen Mausklick auf den Button „Bericht absenden" abzuspeichern.

Tabelle 13-24:   „Neuanforderung"

Lfd. Nr.	Feld	Belegung
1.	Kategorie	„3. Change Request"
2.	Auswirkung	Leer
3.	Status	„neu"
4.	Anzeigestatus	„öffentlich"
5.	Zusammenfassung	Kurze Beschreibung der Neuanforderung
6.	Beschreibung	Detaillierte Beschreibung der Neuanforderung

Schritt 3: „Tester weißt Change Request TPL/Testmanager zu"

Einfache Issueansicht anzeigen [Zu Notizen wechseln] [Erinnerung senden]			[≥≥]	[er
ID	**Kategorie**	**Auswirkung**	**Reproduzierbar**	**Meldun**
0012843	[Vorlage Testdoku] 3. Change Request	- - -	N/A	27.07.07 16
Reporter	Andreas, Andreas	**Anzeigestatus**	öffentlich	
Bearbeitung durch				
Priorität	3	**Lösung**	offen	
Status	neu			
Zusammenfassung	0012843: Kurzbeschreibung der Neuanforderung			
Beschreibung	Detaillierte Beschreibung der Neuanforderung			
Zusätzliche Information				
Application Name				
Geschätzter Aufwand				
Zu Testen ab Datum				
Angehängte Dateien				

| Aktualisieren | Zuordnen zu | Vivenzio, Alberto (extern) ▼ | Status wechseln zu: | Rückmeldung ▼ | Issue beobachten | Klo |

Abbildung 13-42:   Maske MANTIS „Zuweisung Neuanforderung (Change Request)"

Im zweiten Schritt der Erstellung einer Neuanforderung sind die Felder wie folgt zu belegen:

Tabelle 13-25:   „Neuanforderung zuordnen"

Lfd. Nr.	Feld	Belegung
1.	Zuordnen zu	Auswahl des Namens des Testkoordinators aus der Listbox und Bestätigung durch Mausklick auf den Button „Zuordnen zu".

Schritt 6: „Neue Anforderung OK?" (Schritt 4 und 5 außerhalb MANTIS)

Die Bearbeitung einer Neuanforderung durch das Gremium kann zu folgenden Ergebnissen führen:

– Die Neuanforderung soll realisiert werden und wird dem Entwickler zugewiesen

– Die Neuanforderung soll in der Zukunft umgesetzt werden und wird vorerst zurückgestellt

– Die Neuanforderung wird abgelehnt und geschlossen

Schritt 6.1: „Neuanforderung wird Entwickler zugewiesen"

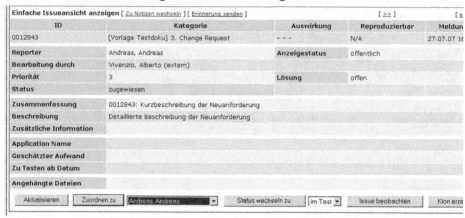

Abbildung 13-43: Maske MANTIS „Zuweisung Neuanforderung"

Ist das Ergebnis der Prüfung der Neuanforderung, dass sie umgesetzt werden soll, wird sie dem Entwickler zugewiesen.

Tabelle 13-26:   „Neuanforderung zuordnen"

Lfd. Nr.	Feld	Belegung
1.	Zuordnen zu	Auswahl des Namens des Entwicklers aus der Listbox und Bestätigung durch Mausklick auf den Button „Zuordnen zu".

Schritt 6.2: „Neuanforderung wird zurückgestellt"

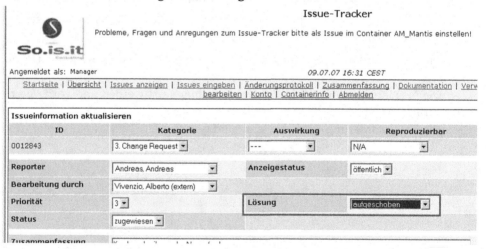

Abbildung 13-44: Maske MANTIS „Neuanforderung zurückstellen"

Eine Neuanforderung, die nicht sofort umgesetzt werden soll, wird vorerst zurückgestellt:

Tabelle 13-27:   „Neuanforderung zurückstellen"

Lfd. Nr.	Feld	Belegung
1.	Lösung	Wird eine Neuanforderung nicht direkt umgesetzt, so setzt der Testkoordinator den Wert im Feld „Lösung" auf „aufgeschoben".

Schritt 6.3: „Neuanforderung wird geschlossen"

Einfache Issueansicht anzeigen [<u>Zu Notizen wechseln</u>] [<u>Erinnerung senden</u>]		
ID	**Kategorie**	**Auswirk**
0012843	[Vorlage Testdoku] 3. Change Request	- - -
Reporter	Andreas, Andreas	**Anzeigest**
Bearbeitung durch	Vivenzio, Alberto (extern)	
Priorität	3	**Lösung**
Status	erledigt	
Zusammenfassung	0012843: Kurzbeschreibung der Neuanforderung	
Beschreibung	Detaillierte Beschreibung der Neuanforderung	
Zusätzliche Information		
Application Name		
Geschätzter Aufwand		
Zu Testen ab Datum		
Angehängte Dateien		
[Aktualisieren]	[Status wechseln zu:] [geschlossen ▼]	[Issue beobachten] [Klon erz]

Abbildung 13-45: Maske MANTIS „Neuanforderung schließen"

Eine Neuanforderung, die nicht umgesetzt werden soll, wird geschlossen:

Tabelle 13-28:   „Neuanforderung schließen"

Lfd. Nr.	Feld	Belegung
1.	Status wechseln zu	Ist aus Sicht des Gremiums die Neuanforderung nicht für eine Umsetzung vorzusehen, so wechselt der Testkoordinator den Status durch Wahl von „geschlossen" aus der Listbox und bestätigt dies mit einem Klick auf den Button „Status wechseln zu".

Abbildungsverzeichnis

Tabellenverzeichnis

Sachwortverzeichnis